A ANSIEDADE NO TRABALHO

ADRIAN GOSTICK E CHESTER ELTON
COM ANTHONY GOSTICK

A ANSIEDADE NO TRABALHO

8 estratégias para reduzir o estresse e lidar com a incerteza profissional

Tradução de
Beatriz Medina

RIO DE JANEIRO, 2022

Copyright © 2021 by Adrian Gostick, Chester Elton, and Anthony Gostick.
Todos os direitos reservados.
Copyright da tradução © 2022 por Casa dos Livros Editora LTDA.
Título original: *Anxiety at work*

Todos os direitos desta publicação são reservados à Casa dos Livros Editora LTDA.
Nenhuma parte desta obra pode ser apropriada e estocada em sistema de banco de dados ou
processo similar, em qualquer forma ou meio, seja eletrônico, de fotocópia, gravação etc., sem a
permissão do detentor do copyright.

Diretora editorial: *Raquel Cozer*
Gerente editorial: *Alice Mello*
Editor: *Victor Almeida*
Assistência editorial: *Anna Clara Gonçalves e Camila Carneiro*
Copidesque: *Sofia Soter*
Revisão: *Rowena Esteves e Rodrigo Austregésilo*
Capa: *Anderson Junqueira*
Diagramação: *Abreu's System*

Dados Internacionais de Catalogação na Publicação (CIP)
(Câmara Brasileira do Livro, SP, Brasil)

Gostick, Adrian
  A ansiedade no trabalho : 8 estratégias para reduzir o estresse e
lidar com a incerteza profissional / Adrian Gostick, Chester Elton,
Anthony Gostick ; tradução de Beatriz Medina. – Rio de Janeiro :
HarperCollins Brasil, 2022.

  Título original: Anxiety at work
  ISBN 978-65-5511-243-6

  1. Grupos de trabalho 2. Incerteza 3. Motivação no trabalho
I. Elton, Chester. II. Gostick, Anthony. III. Título.

21-87222   CDD-658.4022

Índices para catálogo sistemático:

1. Equipe de trabalho : Administração   658.4022
Cibele Maria Dias – Bibliotecária – CRB-8/9427

Os pontos de vista desta obra são de responsabilidade de seu autor, não refletindo
necessariamente a posição da HarperCollins Brasil, da HarperCollins Publishers ou de sua
equipe editorial.

HarperCollins Brasil é uma marca licenciada à Casa dos Livros Editora LTDA.
Todos os direitos reservados à Casa dos Livros Editora LTDA.
Rua da Quitanda, 86, sala 218 – Centro
Rio de Janeiro, RJ – CEP 20091-005
Tel.: (21) 3175-1030
www.harpercollins.com.br

A Anthony Gostick.
Este livro é dedicado a um de seus autores pelos outros dois. Sem Anthony,
este livro não existiria. Sua pesquisa e seus textos foram fundamentais,
mas foi a paixão infinita pela saúde mental positiva que nos inspirou a
criar algo que, esperamos, faça do mundo um lugar melhor.

Sumário

1
A síndrome do pato
CRIE UM LUGAR SAUDÁVEL PARA TRABALHAR

10

2
Como a ansiedade preenche a lacuna
APRENDA A LIDAR COM A INCERTEZA

34

3
Como transformar menos em mais
TENHA CUIDADO COM A SOBRECARGA

66

4

Limpe os caminhos

AJUDE OS MEMBROS DA EQUIPE

A MAPEAR SEU CAMINHO PROFISSIONAL

90

5

Como transformar "não está perfeito" em "está bom, vou em frente"

CONTROLE O PERFECCIONISMO

114

6

De evitar conflitos ao debate saudável

AJUDE SEU TIME A ENCONTRAR A PRÓPRIA VOZ

136

7

Torne-se um aliado

FAÇA OS MEMBROS MARGINALIZADOS DA EQUIPE

SE SENTIREM ACEITOS E VALORIZADOS

154

8

Transforme exclusão em conexão

AJUDE A CONSTRUIR LAÇOS SOCIAIS

170

9
Transforme dúvidas em segurança
EXPRESSE GRATIDÃO PARA CONSTRUIR CONFIANÇA

188

Conclusão
PONTO E VÍRGULA: ANTES E DEPOIS

202

Agradecimentos
206

Notas
207

1

A síndrome do pato

CRIE UM LUGAR SAUDÁVEL PARA TRABALHAR

Não é a espécie mais forte que sobrevive, nem a mais inteligente; é a
que melhor se adapta à mudança.

— Charles Darwin (parafraseado por Leon Megginson)

No início de 2020, fomos a Scottsdale, no Arizona, palestrar para a equipe de liderança de uma empresa fabril. A princípio, falaríamos com o grupo no fim do dia, mas os organizadores não paravam de adiantar o horário. Queriam terminar o dia cedo por causa da chuva de notícias urgentes sobre a disseminação do coronavírus.

Concentrar-se no evento era quase impossível para os que estavam presentes. Todo mundo olhava o celular o tempo todo, esperando as últimas notícias e mensagens de pessoas queridas. Os operários das fábricas perguntavam se deviam ir para casa. Em poucos dias, papel higiênico e desinfetante para as mãos sumiriam inexplicavelmente das prateleiras e, em poucas semanas, dezenas de milhares de pessoas adoeceriam.

Nos fundos do salão, examinávamos juntos a nossa apresentação, mudando-a freneticamente em tempo real. O material sobre cultura e engajamento dos funcionários que tinham nos pedido que compartilhássemos não parecia mais relevante. Decidimos, em vez disso, revelar pesquisas que vínhamos compilando sobre o problema crescente da ansiedade no local de trabalho, que ficaria ainda mais urgente com a chegada de um período de grande incerteza. Estava claro que muitos empregos se perderiam em consequência da Covid-19, e aqueles que mantivessem sua vaga ficariam sob grande pressão. Os dados que estávamos prestes a apresentar mostravam que o nível de ansiedade no trabalho vinha subindo sem parar bem antes disso; previmos que a situação ficaria muito pior.

Quando subimos no palco, pelo menos metade do público estava com a cara enfiada no celular, mas, no fim de nossa hora juntos, todos estávamos completamente engajados em uma discussão sobre os problemas reais que aconteciam bem ali com os funcionários. Aqueles líderes entenderam que precisavam se informar mais sobre a natureza da ansiedade e sobre como ajudar melhor os membros da sua equipe a lidar com ela.

Naquela noite, no aeroporto, depois de esfregarmos o assento com lencinhos desinfetantes, conversamos sobre o papel importante que os gestores têm na vida de suas equipes. Ficamos agradecidos porque, na pesquisa para este livro, muitos líderes já tinham nos dado ideias perspicazes de como ajudaram funcionários dominados pela ansiedade. Observamos que, se o nível de ansiedade já vinha subindo antes da pandemia, mal podíamos imaginar o que viria a acontecer.

Um problema crescente

Há algum tempo, nos preocupamos com o problema da ansiedade no local de trabalho e com a necessidade de oferecer orientação realista e útil aos gestores. Começamos a pesquisar e escrever este livro porque, na maioria das empresas com que trabalhamos, ouvimos insatisfação e perplexidade cada vez maiores dos líderes com esse problema. O estudo nos mostra que, muito antes da pandemia, eles tinham boas razões para se preocupar. Em uma pesquisa de 2018, 34% dos trabalhadores de todas as idades relataram sentir ansiedade pelo menos uma vez no mês anterior, e 18% tinham diagnóstico de transtorno de ansiedade.[1] Ainda assim, conversava-se pouquíssimo sobre o problema nas empresas, apesar do impacto econômico significativo.

Uma pesquisa da Harvard Medical School afirmou que a ansiedade no emprego "põe em risco a carreira dos trabalhadores e a produtividade da empresa".[2] A ansiedade está causando aumento de erros de funcionários, crescente esgotamento, fúria no local de trabalho, mais dias de licença médica e piora da saúde dos funcionários. Achou preocupante? Nós também. As preocupações, o estresse e a ansiedade resultantes no trabalho podem fazer os funcionários perderem o foco e se isolarem, trabalhando com capacidade reduzida e rechaçando as tentativas de ajuda dos colegas e dos gestores.

Para esclarecimento, às vezes se usam as palavras "preocupação", "estresse" e "ansiedade" de forma intercambiável. Embora possam caminhar juntas, elas são diferentes. A preocupação é um processo mental que pode incluir pensamentos repetitivos e incômodos, em geral concentrados em um alvo específico — como perder o emprego ou se perguntar se você vai ficar doente. O estresse é uma reação biológica a mudanças, em que o corpo responde de forma física, mental ou emocional. A ansiedade envolve o corpo e a mente e pode ser grave a ponto de se classificar como transtorno mental. A ansiedade patológica pode combinar estresse, medo e preocupação e interferir na vida da pessoa.

Há duas maneiras de se referir à ansiedade: a primeira como sintoma de estresse e preocupação; a segunda como transtorno classificável. Como se pode imaginar, o efeito da maré de preocupação, estresse e ansiedade é caríssimo para as empresas. Nos Estados Unidos, estima-se que a ansiedade no local de trabalho custe cerca de quarenta bilhões de dólares por ano em erros, perda de produtividade e gastos com saúde, enquanto o estresse custaria mais de trezentos bilhões.[3] A Organização para a Cooperação e Desenvolvimento Econômico, em Paris, faz uma avaliação ainda mais drástica do efeito na Europa e estima que o custo total dos problemas de saúde mental seja de mais de seiscentos bilhões de euros por ano, com a ansiedade sendo o problema mais comum.

Embora esteja se agravando com os funcionários mais velhos, o problema é especialmente agudo com as gerações Y e Z. De acordo com um estudo de 2019, publicado na *Harvard Business Review*, mais de metade da geração Y e 75% da Z afirmaram ter largado um emprego por razões de saúde mental.[4] Em nosso trabalho de consultoria, descobrimos que uma das maiores preocupações dos gestores de hoje é motivar os funcionários mais jovens. Uma oficina de liderança realizada por Adrian com um grupo de executivos enfatizou especialmente o problema. Na sessão de perguntas e respostas, todas as questões foram sobre os funcionários mais jovens, especificamente por que sentiam tanta dificuldade para aguentar a pressão dos prazos nos negócios. Um líder resumiu para todos a preocupação geral: "Como fazer os funcionários jovens lidarem melhor com isso? Quer dizer, não podemos parar de funcionar."

Uma grande parte do problema é a ansiedade do funcionário, que pode se apresentar como superestimação das ameaças no local de trabalho (desde questões pessoais como "Será que vou me encaixar?" até questões organizacionais que podem afetar a estabilidade da empresa) e subestimação da própria capacidade de lidar com elas. Às vezes, contudo, a ansiedade é um estado geral de inquietação sem razão aparente. Conforme a geração Z inunda a força de trabalho, um maremoto de jovens ansiosos está a caminho das empresas, afirma Michael Fenlon, diretor de pessoal da PricewaterhouseCoopers, um dos maiores empregadores estadunidenses de universitários recém-formados.[5]

Constatamos que a maioria dos jovens *quer* ser capaz de discutir a sua ansiedade no trabalho. Em uma entrevista, um funcionário de vinte e poucos anos disse: "A minha geração fala de ansiedade *o tempo todo*, uns com os outros." Corretamente, eles acreditam que é impossível consertar algo que temos medo de falar. Ainda assim, em uma pesquisa de 2019 com mil adultos empregados e com ansiedade, 90% consideraram má ideia falar da sua situação com o chefe. Triste.[6]

A percepção profunda nascida da pandemia é que o nosso mundo está sujeito a ameaças duradouras e desestabilizadoras que podem surgir aparentemente do nada e desorganizar não só as empresas, mas a economia como um todo. Isso afetou o nível de ansiedade em um grau nunca antes visto. De acordo com o U. S. Census Bureau, até maio de 2020 mais de 30% de todos os americanos de qualquer idade relatavam sintomas de transtorno de ansiedade, chegando à porcentagem notável de 42% entre vinte e trinta anos.[7]

Lenny Mendonca é um importante empresário e autoridade pública que em meados de 2020 renunciou ao cargo depois que a tensão prejudicou sua saúde mental. "Enfrento o mesmo desafio que uma em cada três pessoas dos Estados Unidos: depressão e ansiedade", disse ele.

Mendonca foi o principal assessor econômico e empresarial de Gavin Newsom, governador da Califórnia, e é dono da Half Moon Bay Brewing Company, que emprega cerca de quatrocentas pessoas. Também é ex-executivo sênior da McKinsey & Company e professor do curso de pós-graduação em administração da Universidade de Stanford. Em outras palavras, o sujeito é gente que faz.

Ele explicou que amigos bem-intencionados tentaram dissuadi-lo de revelar o seu diagnóstico, insinuando que acabaria com sua carreira. "Embora respeite o conselho deles, rejeito-o categoricamente. Falo das minhas lesões decorrentes de *mountain biking* e da placa de metal na perna esquerda como medalhas de honra. Por que esconderia uma lesão semelhante no órgão mais importante do corpo, e ainda assim vulnerável e menos entendido: o meu cérebro? O que o fato de eu ter um problema de saúde mental revela sobre mim? Revela que sou humano."

Mendonca contou a sua história porque acredita que, na vida pública e empresarial, pouquíssimos estão dispostos a "discutir a saúde mental, tirar o estigma da vergonha profissional e se proteger do impacto econômico resultante que isso pode causar na carreira das pessoas e na economia como um todo. A conversa está atrasada e é urgente", disse.

O disfarce

Mendonca admite: "Tenho mais tempo de serviço como executivo, o que reduz o meu potencial de dano profissional por abrir o jogo. A maioria dos que sofrem não tem esse privilégio." Ele tem razão; apesar da prevalência, os funcionários simplesmente não falam abertamente sobre ansiedade no trabalho. O maior desafio — que dificulta que os funcionários recebam ajuda — é que muitos que têm ansiedade precisam disfarçá-la, o que acaba mal.

Vejamos o caso de uma jovem funcionária promissora que conhecemos em 2019.

Chloe é o tipo de pessoa que a maioria das empresas contrata com avidez: inteligente, educada, à vontade com a tecnologia e rápida no aprendizado. Ela se formou na faculdade com um histórico quase perfeito, mas admitiu que manter o trabalho em dia foi um desafio. Ela acordava cedo para ter mais tempo de estudar antes das aulas e, na maioria das noites, tinha dificuldade de dormir e só conseguia algumas horas de sono. Às vezes, tomada de ansiedade com a pressão de tudo o que tinha de produzir e entregar, colava um sorriso no rosto e continuava avançando, porque, como ela diz, "é o que se deve fazer".

Secretamente, ela se perguntava por que precisava se esforçar tanto para parecer alegre se todo mundo parecia ser assim naturalmente.

Todo o trabalho duro de Chloe valeu a pena quando, depois de formada, ela arranjou um bom emprego em um banco de investimentos em Seattle. Mudou-se de sua cidade natal, no outro lado do país, e logo impressionou o chefe e os colegas. Com toda a certeza, eles a consideraram uma estrela em ascensão. Por fora, Chloe irradiava confiança.

Mas, por dentro, ela se sentia deslocada. Começou a duvidar de si mesma. Os jovens colegas do banco pareciam ter mais experiência. A maioria frequentara universidades mais prestigiadas. Eles falavam dos seus estágios incríveis. Pareciam receber mais reconhecimento. "Toda manhã, a empresa mandava um e-mail geral sobre as realizações de alguém", recorda ela. "Era uma coisa do RH, mas para mim parecia provocação. Todo mundo lá era muito inteligente e fazia coisas incríveis. Eu queria ser tão maravilhosa quanto eles."

Além disso, a julgar pelas redes sociais, os amigos da cidade natal pareciam muito mais felizes do que ela. Iam a festas e shows, ficavam com a família, relaxavam e se divertiam. Já Chloe trabalhava todo dia até depois do anoitecer, voltava para o apartamento e desmoronava. Não tinha tempo nem para adotar um gato.

Chloe juntou coragem e mencionou ao gerente que estava se sentindo um pouco sobrecarregada. Resposta do gerente: "Ah, aqui é assim mesmo. Você está indo bem. Tente não se estressar." Ela se resignou a se sentir daquele jeito, porque ali tudo era assim. Mas, logo, Chloe começou a sentir, toda noite, um temor crescente do dia seguinte. As noites de domingo eram as piores, quando ela demonstrava sintomas de um ataque de pânico. Não demorou para mal conseguir sair da cama. No trabalho, começou a visitar sites de cursos de pós-graduação. Devaneava sobre viagens. Talvez tirasse um ano de folga e fizesse um mochilão pelo Nepal.

Embora tivesse trabalhado muito e fosse bem no emprego, certo dia Chloe simplesmente não aguentou mais. Ela sumiu. Não apareceu para trabalhar e não ligou para avisar. Quando o chefe lhe mandou uma mensagem perguntando onde estava, ela a ignorou.

Chloe nunca mais voltou e nunca mais entrou em contato com o gerente, nem com ninguém na empresa. A estrela em ascensão simplesmente se apagou.

Do ponto de vista do gerente, podemos imaginar que isso foi uma incrível decepção. Não havia nenhuma necessidade gritante de tratamento especial, não é? Como o líder de Chloe poderia perceber algum sinal de que ela estava prestes a sumir? Como veremos, às vezes a mais leve pista pode ter grande importância. Chloe admitiu que estava sobrecarregada e buscou a confirmação de que o chefe se importava. Mas, quando desdenhou a realidade dela, ele eliminou todo o potencial de resolver a questão.

Chloe se arriscou ao dizer que estava sobrecarregada e descobriu que na verdade não era seguro falar da ansiedade no trabalho.

Patos em Stanford

Chloe se esgotou bem depressa, mas muitos outros sofrem sentimentos intensos durante anos e se tornam adeptos de esconder os sintomas. Apesar de muita cobertura da mídia sobre o crescimento do nível de ansiedade, o estigma continua forte no trabalho. A maioria não se dispõe a discutir com ninguém o que vive, a não ser com os amigos e familiares mais íntimos e, muitas vezes, nem com eles.

É claro que falar da sobrecarga de trabalho é bastante comum. *Dá para acreditar no que querem que eu faça?!* Mas sobrecarga de trabalho é diferente de sobrecarga de ansiedade. Revelar que o trabalho causa ansiedade ainda é um tabu, ainda mais em um ambiente em que todos os funcionários se preocupam em manter o emprego. Alguns nos disseram que falar da saúde mental limita as suas possibilidades; outros temiam ser marginalizados ou desdenhados. Como explicou um rapaz da geração Y que entrevistamos, "se eu pegasse um resfriado e ligasse para avisar, ninguém se importaria. Iam *querer* que eu ficasse em casa. Mas se eu admitisse que precisava de um dia para cuidar da saúde mental, seria a primeira e última vez. Não, obrigado".

Embora os gestores não possam bisbilhotar a saúde física *ou* mental dos funcionários nestes dias de HIPAA*, sempre se pode perguntar se a pessoa está bem. A meta é que os membros da equipe se sintam à vontade para conversar com o chefe sobre qualquer problema relativo ao seu bem-estar. No entanto, a maioria dos líderes com quem conversamos tem uma concepção errônea. Como não se lembram da última vez em que um funcionário lhes falou de ansiedade ou depressão, eles

---

* Health Insurance Portability and Accountability Act, lei criada nos Estados Unidos para proteger as pessoas de fraude ou roubo de prontuário médico. [N. da T.]

supõem que na equipe não há muito a se preocupar quanto a isso. Também argumentam conosco que a porta está aberta para o seu pessoal; é bem provável que esteja, mesmo, em várias áreas, mas, quando se trata de saúde mental, a porta se fecha. Só uma em quatro pessoas com ansiedade diz que conversou a respeito com o chefe. O resto esconde os sintomas. Muitos fazem isso desde o tempo de escola.[8]

A expressão "síndrome do pato" foi cunhada na Universidade de Stanford para descrever a farsa dos alunos dessa faculdade de alta pressão, assim como de outras faculdades semelhantes, que se empenham muito para parecer que estão indo bem, deslizando calmamente como um pato no laguinho, realizando todo o seu trabalho com elegância e sem esforço.[9] Mas saia da superfície e dê uma olhada embaixo d'água. Aqueles patos graciosos que deslizam suavemente batem os pés como loucos — exatamente como os estudantes, que se forçam como maníacos, tentando freneticamente se manter na superfície.

Em equipes de trabalho, muita gente que parece bem na verdade corre o risco de afundar. Praticamente todo líder que encontramos é capaz de contar a história de um funcionário de valor cujo estresse e ansiedade ficaram tão problemáticos que ele ou ela não aguentou mais. Um líder disse a Chester, com clara preocupação: "Observei o funcionário mais inteligente que já tive desmoronar devagar na minha frente." O abandono repentino do emprego se tornou assustadoramente comum. Uma pesquisa de empresas feita pelo jornal *USA Today* verificou que até metade dos candidatos e funcionários exibiam algum tipo desse comportamento com os empregadores, como faltar à entrevista ou ao trabalho.[10] Uma gestora contou a Adrian que, em retrospecto, ela deixara de ver os sinais do comportamento de um funcionário que, certo dia, simplesmente não foi mais trabalhar. Ele demonstrara irritabilidade crescente com os colegas, queda da produtividade e aumento de faltas por doença.

Às vezes, os sintomas da ansiedade são tão sutis que nem a família ou os amigos mais íntimos percebem. É o caso de Chris Rainey, um dos fundadores e presidente executivo da HR Leaders e host de um podcast conhecido. Ele nos contou que desde a infância sentia um nível acentuado de ansiedade, mas escondia de todo mundo. "Eu trabalhava com vendas, em uma cultura de muita pressão, no estilo *O lobo de Wall Street*. A ansiedade ia se acumulando, havia dias e até semanas em que eu não conseguia sair de casa. Tentava passar pela porta, mas tinha uma crise de ansiedade. Ficava preocupado: será que vão me passar para trás naquela promoção? Vão achar que estou mentindo? 'Aquele cara extrovertido, que passa o dia no telefone? Vai me dizer que está com ansiedade? Tá bom.'"

Rainey era casado havia mais de uma década e não conseguira nem contar à esposa. "Quando havia uma festa, eu arranjava desculpas para não ir. Me sentia ansioso e sobrecarregado na multidão. Tinha medo de sofrer um ataque de pânico, e esse é um círculo vicioso. A gente fica ansioso por causa da ansiedade."

Recentemente, Rainey entrevistou um convidado em seu podcast. Tim Munden, diretor de aprendizagem da Unilever, falava do bem-estar mental e do próprio transtorno de estresse pós-traumático. "Eu me senti hipócrita", disse Rainey. "Tim estava se abrindo, totalmente vulnerável, falando de suas dificuldades. Decidi falar das minhas pela primeira vez. Foi apavorante. Eu sabia que minha esposa ia ouvir, meus funcionários, meu sócio, as pessoas com quem passei a infância. Mas foi um dos momentos mais transformadores da minha vida. O peso sumiu dos meus ombros. Foi simplesmente inacreditável."

Rainey disse que todos na sua vida se uniram para lhe dar apoio. Agora ele tinha a rede que precisara o tempo todo. "Posso dizer à minha esposa ou à minha equipe que preciso de uma pausa. Estou me sentindo sobrecarregado, ansioso. E eles dizem 'claro, sem problemas.'"

Hoje, esse presidente executivo é muito sensível aos membros da equipe que precisam de uma pausa, um tempo para cuidar da saúde mental, ou tirar tarefas da sua lista. Ele fica atento aos que podem estar batendo os pés com desespero sob a superfície. "Às vezes, é o mais extrovertido e confiante que sofre por dentro. A gente nunca sabe", disse ele. "A energia mental exigida a cada minuto do dia é exaustiva. Agora, estou livre para me concentrar na minha família, na minha equipe. Estou muito mais feliz no trabalho, mais produtivo."

Infelizmente, como Rainey fez durante décadas, um número grande demais de funcionários se cala e pode estar a caminho de morrer de tanta preocupação. Isso não é um exagero. De acordo com um estudo feito por professores da Stanford Graduate School of Business e da Harvard Business School, o estresse e a ansiedade no local de trabalho podem ser fatores que contribuem para mais de 120 mil mortes por ano.[11] Em resumo, dezenas de bilhões de dólares, um imenso esgotamento dos funcionários e o bem-estar físico e mental da força de trabalho estão em jogo quando se pensa em mitigar a ansiedade.

O que as empresas deveriam fazer para resolver o problema? Por ser tão disseminada, a ansiedade resultaria de grandes forças sociais, cujo efeito as empresas jamais conseguiriam prevenir? Como um gestor específico conseguiria intervir contra tensões globais?

Apesar das objeções, encontramos um coletivo crescente de líderes que vem conseguindo ajudar a aliviar a ansiedade das equipes. A questão é se tornar um defensor dos funcionários. Para isso, esses líderes adaptaram o estilo de liderança para se concentrar, em primeiro lugar, na criação de um ambiente saudável para trabalhar. Albert Einstein poderia estar falando dos melhores líderes de hoje quando escreveu: "A medida da inteligência é a capacidade de mudar."

Os resilientes

É comum sermos convidados para discutir nas empresas a construção da resiliência — a capacidade dos funcionários de reagir às mudanças e de se recuperar dos desafios. Quando começamos essas discussões, muitos líderes atribuem o problema do nível crescente de ansiedade a coisas como o ritmo rápido da transformação da empresa, a intensidade da competição e a falta de resistência das pessoas de hoje. Poucos tendem a pensar que a maneira como gerenciam as equipes, além de

22 | A ANSIEDADE NO TRABALHO

contribuir para a ansiedade desnecessária dos funcionários, talvez seja também o seu principal combustível.

Um presidente executivo com quem discutimos isso admitiu: "Francamente, usamos a pressão como arma para levar as pessoas a um melhor desempenho. Temos aumentado mais a ansiedade do que pensado em maneiras de aliviá-la." Ainda assim, na mesma conversa esse líder brilhante lamentou a dificuldade da empresa em manter funcionários capacitados e disse que "a capacidade de obter e manter os talentos será o maior fator de diferenciação na próxima década".

Essa é a questão. Com tantos funcionários sofrendo um grau acentuado de ansiedade no trabalho, os líderes simplesmente não podem se dar ao luxo de agravar ainda mais a situação, nem deixar os membros da equipe por conta própria para "segurar o tranco", "pedir pra sair" ou "se acalmar". Como diz o ditado, "nunca na história da calma alguém se acalmou porque mandaram que se acalmasse".

Muitos gestores adotam a crença antiquada de que é melhor deixar os trabalhadores ansiosos irem embora: "Eles não foram feitos para o serviço" ou "Não tenho tempo para me preocupar com a saúde mental de todo mundo". Contudo, simplesmente não há fundamento na afirmação de que os ansiosos sejam menos capazes, mais fracos ou menos valiosos. Na verdade, em geral é o contrário: os que produzem o melhor resultado estão cheios de sentimentos fortes de ansiedade. Um estudo verificou que 86% dos funcionários que tinham ansiedade elevada eram considerados extremamente produtivos no emprego.[12] Faz sentido: quem teme não ser bom o bastante geralmente trabalha mais para provar que é. A pesquisa também mostra que um percentual elevado de pessoas inteligentíssimas tem mais ansiedade do que a população em geral. Já se constatou que os membros da Mensa, a maior, mais antiga e mais famosa sociedade de alto QI do mundo, sofrem o dobro de transtornos de ansiedade do que a média nacional.[13]

Os melhores líderes estão começando a entender que desenvolver um lugar saudável para trabalhar acolhe os que têm ansiedade — pessoas que podem ser extremamente capazes e inteligentes — e cria um ambiente mais positivo para todos. E esse pode ser um poderoso acelerador do sucesso da equipe. Vejamos a transformação recente da seleção nacional masculina de futebol da Inglaterra.[14] Anteriormente, os jogadores ingleses admitiram que ficavam tão ansiosos com o falatório da mídia caso perdessem um jogo que, em geral, essa se tornava a crônica de um fato anunciado, como aconteceu em 2016, quando a máquina que era o time inglês foi tirada do campeonato europeu pela minúscula nação da Islândia. Naquele momento, o treinador Roy Hodgson se demitiu e um novo técnico foi contratado: o calado e despretensioso ex-jogador Gareth Southgate, cujo primeiro foco não foi a tática nem a forma física, mas a construção de uma cultura positiva e coesa. Dois anos depois, em 2018, na Copa do Mundo, o maior dos palcos, a Inglaterra chegou à semifinal, o melhor resultado do país em 52 anos.

O sucesso de Southgate destacou o novo tipo de líder que o mundo moderno exige. Seu estilo combina vulnerabilidade e cuidado com o indivíduo. Estudante da liderança, o novo técnico levou um psicólogo e um coach de cultura para trabalhar com os jogadores. Chegou a contar à equipe sua experiência pessoal de perder um pênalti na Euro 96 que impediu a Inglaterra de avançar no campeonato. A disposição de discutir os seus reveses e o modo como a ansiedade o afetou no jogo foi um conceito revolucionário na gestão dos times. Isso liberou os jogadores e o pessoal de apoio para apreciar o desafio da competição em vez de se preocupar com o medo do fracasso e a catastrofização de "e se tudo der errado". Os jogadores dizem que agora aguardam empolgados os jogos da seleção, com vontade de mostrar o seu talento ao mundo, em vez de ter medo que tudo dê errado.

No esporte — e nos negócios, aliás —, a saúde mental nunca foi considerada tão importante quanto a excelência técnica, mas as equipes estão descobrindo que é o jogo mental que traz mais vantagem competitiva. Southgate foi o primeiro técnico de alto nível disposto a falar da ansiedade que os jogadores profissionais enfrentam e a ajudar os membros do time com frequentes discussões individuais ou em grupos pequenos para falar com compaixão das experiências de vida e da ansiedade.

Esse tipo de liderança é incrivelmente inspiradora para todos e mais ainda para os que lidam com a ansiedade. Os líderes precisam entender que os ansiosos são muito importantes para o sucesso de qualquer organização. Descobrimos que a sociedade funciona por causa dos preocupados, não apesar deles. Na verdade, a observação dos nossos primos animais em ambiente selvagem pela famosa primatologista Dian Fossey revelou que os chimpanzés ansiosos eram fundamentais para a sobrevivência do grupo.[15] Eram eles que tinham sono leve, que percebiam primeiro o perigo e davam o alarme; eles formavam o sistema de alerta precoce dos chimpanzés. Em um experimento, Fossey decidiu levar os chimpanzés ansiosos do grupo para outro local; quando voltou, alguns meses depois, descobriu que os outros macacos tinham morrido. Parece que a sobrevivência do grupo se baseava nos indivíduos ansiosos do bando que avisavam os outros do perigo iminente.

Está fora da minha alçada. Certo?

É fácil supor que alguns funcionários chegam ao local de trabalho mais capazes do que outros de se recuperar de situações estressantes, por natureza ou criação, e que não há nada que o líder possa fazer para aumentar a resiliência das pessoas. Sem dúvida, alguns parecem continuar avançando, não importa o que a vida lhes traga, e há uma ciência fascinante que tenta identificar por que alguns seres humanos são naturalmente mais resilientes do que outros. Por exemplo, embora quase todo mundo passe por situações negativas na vida — demissão, divórcio, internação hospitalar etc. —, as pessoas reagem aos traumas de maneiras bem diferentes. Os psicólogos indicam dois fatores fundamentais que, em geral, separam os capazes de se recuperar mais depressa: domínio e apoio social.

Não confunda com otimismo ou aprender a "sorrir e aguentar"; domínio é a capacidade dos indivíduos de considerar que têm um certo grau de controle e influência sobre a vida, não importa o que aconteça. O conceito é tão importante que o Exército dos Estados Unidos oferece aos soldados e às suas famílias um curso de dez dias de treinamento em resiliência, com sessões intensivas projetadas para ajudar os que podem acabar em situações estressantes, como uma batalha ou quando uma pessoa querida é enviada para a guerra.[16] Os participantes aprendem a combater a conversa negativa consigo mesmos usando padrões de pensamento mais racionais e proativos, a se sentirem gratos pelas coisas boas que ocorrem a cada dia e a se concentrar melhor nas tarefas atuais para se manter no presente. Com exercícios, os soldados também aprendem a evitar mecanismos negativos para lidar com as situações, como minimizar psicologicamente o que lhes acontece.

Em segundo lugar, os participantes que relatam laços sociais de apoio têm maior probabilidade de se recuperar mais depressa dos traumas e com mais sucesso. Quando amigos, familiares ou colegas não são receptivos e criticam a tentativa da pessoa de compartilhar sentimentos sobre o trauma, o risco de transtorno de estresse pós-traumático (TEPT) aumenta. "Os pesquisadores acreditam que o impacto negativo vem provavelmente da tentativa de desestimular a comunicação direta, o que aumenta a evitação cognitiva e a supressão de lembranças ligadas ao trauma, ao isolamento social e à tendência de culpar a si mesmo", diz a dra. Denise Cummings, psicóloga pesquisadora da Universidade de Illinois.

Precisamos lembrar também que não podemos apontar a experiência de vida de alguém para explicar sua falta de resiliência ou ansiedade. A ansiedade pode afetar todo mundo em algum momento da vida. Muita gente que sente ansiedade não teve uma infância difícil. E, entre os muitos que a sentem, a maioria não a sente o tempo todo nem com a mesma intensidade a vida toda.

Contudo, como mostrou a pesquisa de Martin Seligman, renomado psicólogo da Universidade da Pensilvânia, apesar das dificuldades que enfrentamos no passado, cada um de nós pode desenvolver mais resiliência, aprender a se recuperar melhor dos reveses e manter o rumo em épocas difíceis.[17]

O benefício pode ser enorme se os líderes ajudarem os que trabalham para eles a superar obstáculos e reveses. Um diretor de escola já disse a Adrian: "Parece irônico, mas os garotos com quem mais me preocupo nunca se metem em encrencas na escola; eles *nunca* são mandados para a minha sala. Transformam-se em adultos que nunca tiveram que catar os caquinhos e perceber que a vida continua depois dos erros, e que está tudo bem."

É claro que ajudar adultos a fazer isso pode ser difícil. Para lidar com uma situação desagradável, alguns trabalhadores tendem a usar mecanismos como postura defensiva, aversão a conselhos, isolamento da participação e, em casos extremos, abandonar o emprego sem aviso prévio. Na verdade, é bom supor que o funcionário ansioso pode estar prestes a surtar. Anthony dá um ótimo conselho aos líderes: "Quando você disser que quer falar com alguém, não importa o assunto, não deixe a pessoa pensar que pode estar sendo demitida. Porque muitas pensarão. As pessoas não ignoram o clima econômico instável nem a prática de demissões discretas. Explicar especificamente que você quer uma reunião amanhã para falar da revisão de um relatório ou seja o que for poupará o seu pessoal de um dia de preocupação que poderia ser usado produtivamente."

Em tudo isso, não sugerimos que os líderes tentem se tornar terapeutas. Dá para imaginar? É fundamental recorrer a especialistas para dar orientação; para os funcionários com sintomas de ansiedade em qualquer nível, o encaminhamento a um programa de assistência a funcionários da empresa ou a um terapeuta com formação adequada pode ser extremamente útil. Os gestores podem ter papel ativo na procura do auxílio que o seu pessoal precisa, e programas formais podem trazer enorme retorno. Por exemplo, a PricewaterhouseCoopers constatou que a cada dólar investido em programas de saúde mental as organizações recebem, em média, um retorno de 2,30 dólares sob a forma de mais produtividade, menos processos de indenização, e redução do absenteísmo e do presenteísmo (ir trabalhar mesmo doente, cansado demais ou sem operar no nível normal de produtividade).[18]

A revista *Forbes* diz que o custo total da má saúde geral dos funcionários é de mais de 530 bilhões de dólares só nos Estados Unidos, e boa parte disso é atribuída ao desempenho prejudicado.[19] Uma pesquisa da Harvard Medical School acrescenta que, em geral, o aspecto da saúde mental costuma ser negligenciado nessa análise do bem-estar.[20] A mentalidade de que o bem-estar mental só é responsabilidade do funcionário e não precisa ser levado em conta pelo empregador não é uma decisão financeiramente sensata, explicam os pesquisadores de Harvard. "A longo prazo, o custo do tratamento de saúde mental representa um investimento que trará retorno não só sob a forma de funcionários mais saudáveis, mas também da saúde financeira da empresa."

Assim, para ser bem claro, é primordial oferecer assistência em saúde mental. Mas o encaminhamento a programas de assistência ou a programas formais internos não é a única solução. Os gestores também têm um papel importante a desempenhar. Afinal de contas, a equipe é uma rede social fechada, com dinâmica própria. Como líderes que trabalham em uma época imprevisível, temos que ser muito sensíveis ao fato de que a nossa equipe pode ser mais vulnerável à ansiedade. Incentivar as pessoas a se abrirem sobre as suas dificuldades e, como chefe, ouvi-las pode fazer muito bem. Como um jovem trabalhador nos confidenciou: "Em nove de cada dez vezes, só queremos ser ouvidos quando reclamamos, e isso não envolve conselhos nem solução de problemas. Queremos apenas um 'Que chato! Nem imagino como é passar por isso. Pode contar comigo, se precisar'. Queremos ver a figura de defensor em nosso chefe, não alguém que *tolere* o problema."

Peter Diaz, presidente executivo do Workplace Mental Health Institute (Instituto de Saúde Mental no Trabalho), ressalta que os gestores podem "seguir o padrão de [encaminhar todo mundo a um] programa de assistência", o que costuma dar aos funcionários a impressão errada. "Imagine que um grande amigo seu esteja com ansiedade", explica Diaz, "e você diz: 'Por que não conversa com outra pessoa?' Ou: 'Vá tomar um remédio.' Por quanto tempo ele continuará seu amigo? As pessoas precisam ter um bom relacionamento com o seu gestor." Ele acrescenta que os líderes transmitem uma mensagem contraproducente quando o único meio de auxílio que oferecem é mandar as pessoas *para fora* da empresa. A mensagem é: trabalhar é tóxico; você precisa sair daqui para sarar.

Por que, pergunta ele, alguém voltaria à equipe ou à empresa se achasse que ela é o problema?

Diaz não sugere que quem sofre de ansiedade acentuada não deva conversar com um terapeuta; ele endossa plenamente a terapia. Entretanto, argumenta que os gestores têm que assumir a responsabilidade e fazer o possível para aliviar parte das tensões que a vida vem impondo a tanta gente. "É como se culpássemos os indivíduos por terem problemas", diz ele. "E nós? Estamos lhes dando apoio? Sou um gestor acessível? Tenho medo do problema?"

Essa é a questão: os gestores se dispõem a ficar ao lado do funcionário que tenta entender o seu problema de saúde mental? Eles sabem até onde ajudar sem que a situação vire uma sessão de terapia? Esse conhecimento é vital para os gestores de hoje.

Na Kraft Heinz Company, Shirley Weinstein, diretora de recompensas globais, diz que o único resultado animador da pandemia de 2020, se pudermos pensar dessa maneira, foi a percepção em todos os níveis de gestores de que a ansiedade é um problema empresarial concreto. "Eles estão em casa com a família, sentindo a pressão adicional e a necessidade de ficar conectados com a equipe. Vivenciaram a percepção de que o bem-estar mental é uma preocupação verdadeira", disse ela.

Ela acrescentou: "Queremos que os nossos líderes ajudem os funcionários com o seu bem-estar emocional e a sua ansiedade, aumentada pela incerteza de hoje. No entanto, ainda há esse estigma duradouro da saúde mental. Por acaso eu levanto a mão e digo que preciso de ajuda? Quando se olham os programas de assistência, a utilização não está aumentando, nem mesmo no meio da pandemia. A preocupação é: 'Se eu contar ao gerente, como ele ou ela vai reagir? O que vai fazer?' E treinamos adequadamente os nossos gerentes para o que deveriam fazer."

Para ajudar a abordar essa questão muito real, um dos princípios de liderança na Kraft Heinz é "Empatia e Cuidado". Weinstein diz que os gestores têm que aprender a entender e diagnosticar o que os funcionários enfrentam, "seja carga de trabalho, equilíbrio entre vida e trabalho, saúde mental, estresse, esgotamento, ansiedade ou nível reduzido de energia. Pensamos em modos de garantir que os nossos gestores estejam equipados para reconhecer a situação, se estão contribuindo para o problema e qual a melhor maneira de abordar as questões com cuidado e empatia. Ainda não resolvemos completamente o problema, mas já começamos a conversar".

A mensagem esperançosa deste livro é que os líderes de equipes podem adotar um conjunto de oito práticas simples que identificamos e que reduzem bastante a ansiedade sentida pelo pessoal. O uso dessas práticas e das lições do livro ajudarão qualquer líder a comunicar que se preocupa genuinamente com aqueles que tem o privilégio de liderar e a mandá-los toda noite para casa se sentindo um pouco mais valorizados, ouvidos e incluídos. Os exemplos de líderes com que trabalhamos mostrarão que o resultado pode ser profundo.

Enquanto nos ajustamos a um mundo profundamente afetado pela pandemia do coronavírus, com a sensibilidade acentuada de que até as organizações mais bem-sucedidas, com ótimos planos de carreira e mercado aparentemente seguro, podem enfrentar turbulências súbitas a qualquer momento, esses métodos para alimentar a resiliência dos funcionários serão mais do que nunca necessários.

Oito estratégias

Passamos vinte anos treinando gestores e equipes para melhorar a experiência de trabalho e a cultura organizacional. Os nossos parceiros de pesquisa nos ajudaram a examinar mais de um milhão de funcionários na última década, e vimos os efeitos potentes que podem ser obtidos com ajustes fáceis de implementar no modo como os líderes gerenciam. Para auxiliar especificamente o desafio urgente do crescimento do nível de ansiedade, mergulhamos fundo na ciência do que provoca a ansiedade para identificar as práticas de gestão com mais capacidade de aliviá-la.

De Adrian: minha paixão por esse projeto é alimentada pelo meu filho Anthony, que me ajudou a escrever este livro e investiu nele o rico ponto de vista de quem já sofreu intensamente com o problema. Tony tem ansiedade grave desde criança, mas mesmo assim conseguiu se formar com distinção na faculdade de biotecnologia. Teve resultados excelentes em aulas difíceis como química orgânica, física e bioinformática, ao mesmo tempo que trabalhava em meio expediente em um laboratório de genética financiado pelos institutos nacionais de saúde dos Estados Unidos e como monitor do curso.

Durante os seus anos de faculdade, conversamos muito sobre as vezes em que ele se sentiu desconectado do emprego ou das aulas, apesar da paixão pelo assunto e dos experimentos sendo realizados. A despeito das muitas noites passadas estudando e da paixão pelo trabalho durante meses a fio, sem tirar folga nos fins de semana, de vez em quando ele falava que sentia não chegar a lugar nenhum. Em retrospecto, essas conversas deixavam às claras a síndrome do pato. Muitas de nossas conversas se tornaram pontos de referência que, com muita frequência, apareciam nas histórias que nos eram contadas por trabalhadores que descreviam a sua ansiedade.

Enquanto Adrian e Chester discutiam coisas com Anthony, buscando uma noção mais profunda do que lhe permitia ter sucesso constante, percebemos que, ao trabalhar com alguém com ansiedade, poderíamos ajudar a construir resiliência de maneiras específicas. Foi um momento eureca que nos colocou nesta busca.

Nos anos seguintes, falamos com muitos gestores sobre o problema e começamos a entender que poderíamos ajudá-los a resolvê-lo.

Entendemos que a possibilidade de mergulhar como líder no que é preciso saber sobre ansiedade pode assustar; por isso, demos o mergulho por você. A última coisa de que qualquer um de nós precisa é mais peso para levantar. A meta deste livro foi criar um guia simples que os gestores possam ler depressa e que ofereça práticas a serem implementadas imediatamente.

Organizamos o livro segundo as oito fontes principais de ansiedade no local de trabalho, com um capítulo para cada estratégia. Eles abordam as questões que provocam a ansiedade, como:

- A incerteza do funcionário quanto à estratégia da empresa para enfrentar os desafios e como ela afeta a segurança no trabalho.
- A sobrecarga de trabalho e a necessidade dos gestores de ajudar a equilibrar a carga e a estabelecer prioridades.
- A falta de clareza sobre perspectiva de crescimento e desenvolvimento na carreira, assim como necessidade de clareza nas situações de trabalho cotidianas.
- Como o perfeccionismo se tornou o inimigo de fazer o que tem que ser feito.
- Medo de falar, contribuir e debater questões.
- Sentir-se marginalizado como o "outro" no caso de mulheres, pessoas não brancas, pessoas da comunidade LGBTQIAP+ e minorias religiosas.
- Ser socialmente excluído pelos membros da equipe; a sensação de alienação do trabalho remoto é uma nova variante desse problema.
- Falta de confiança e sentir-se subvalorizado.

Alguns tendem a se perturbar mais com um ou dois desses problemas do que com os outros, e é preciso criatividade por parte do líder para ajudar. Um funcionário sob sua supervisão pode ficar extremamente ansioso com prazos apertados. A dificuldade dele talvez seja mais o perfeccionismo do que a sensação de que há trabalho demais. É o medo da *qualidade* do que consegue fazer que o corrói, e não quanto ou até quando tem que fazer. Outra funcionária pode ter confiança total na qualidade do seu trabalho, mas ficar estressada porque vê indícios de problemas à frente para a equipe ou a empresa e não confia que a gestão tenha um plano para abordar os problemas, nem sabe qual será o seu papel nesse futuro incerto. Como líderes, depois de sabermos o que procurar, podemos abordar o problema com mais eficácia usando as soluções aqui oferecidas. E não diremos apenas o que fazer; ilustraremos *como* fazer, usando exemplos de gestores reais e seus funcionários.

Eis uma história rápida para lhe dar uma ideia. O dr. Ken Huey, presidente executivo do centro de reabilitação residencial Red Mountain Colorado, nos falou da nova contratada que faltou a dois compromissos importantes na primeira semana no emprego. Ele disse: "Fiquei pensando: será que isso vai dar certo? Eu e meu sócio tivemos uma discussão franca com ela, que admitiu ter sofrido ataques de pânico antes daqueles compromissos. Ela voltara para casa e nos dissera que estava com dor de estômago. Nós a contratamos porque ela traria habilidades importantes para a equipe e decidimos trabalhar de modo a aliviar a sua ansiedade. Quando as tarefas pareciam excessivas, as repassávamos para os outros. O bom foi que ela se sentiu incrivelmente abraçada pelo que fizemos e não teve outro ataque de pânico no trabalho. Também conseguiu realizar tudo o que esperávamos."

Enquanto Huey nos contava isso, observamos que talvez a funcionária sentisse que os sintomas físicos seriam considerados mais reais do que os mentais (embora, sem dúvida, às vezes a ansiedade se manifeste como doença física). Imaginamos que, no passado, ela teve gestores que menosprezaram a sua saúde mental, levando-a a evitar os verdadeiros problemas que enfrentava. O bom é que Huey foi astuto ao escutar, dedicou tempo a entender qual era o problema e encontrou formas inspiradas de ajudar.

Trabalhar para fazer os membros da equipe se sentirem entendidos, aceitos e seguros é uma oportunidade extraordinária para unir a equipe. A pesquisa não deixa a mínima dúvida de que esse também é um incentivo poderoso à produtividade. Dedicar atenção e mais um tempinho a essa nova maneira de gerenciar trará um resultado muito compensador, e isso é ótimo para aliviar a ansiedade também dos líderes, muitos deles preocupados com a própria segurança no trabalho. De acordo com a empresa de consultoria administrativa McKinsey, "estudos numerosos mostram que, em um ambiente de negócios, os líderes compassivos têm melhor desempenho e promovem mais lealdade e engajamento das equipes. No entanto, a compaixão se torna ainda mais fundamental durante as crises".[21]

É claro que nenhum de nós é imune às pressões e às ameaças que impregnam a vida profissional hoje em dia. Os funcionários não deixarão totalmente de sentir preocupação, estresse ou ansiedade, não importa o que façamos; e há pouco que os gestores possam fazer para resolver muitos desafios que hoje atingem os locais de trabalho. O ritmo da mudança não irá reduzir, a concorrência não irá desaparecer. Mas, dentro das nossas equipes, podemos fazer muito para aliviar as tensões, dar apoio, inspirar entusiasmo e lealdade e criar um lugar seguro para as pessoas passarem os seus dias.

Ter um local de trabalho saudável é uma meta que faz todos se sentirem bem.

2

Como a ansiedade preenche a lacuna

APRENDA A LIDAR COM A INCERTEZA

Se você não sofre com ansiedade, não está prestando atenção.
— Comentário da entrevista de um homem de 47 anos

Poucas coisas causam mais ansiedade do que enfrentar o desconhecido e as incertezas, e poucas coisas geram mais incertezas do que o ambiente de trabalho moderno. E a maior incerteza de todas é se nosso emprego irá durar.

Até julho de 2020, 60% dos trabalhadores estadunidenses se diziam preocupados com sua segurança no emprego.[1] Com os trabalhadores mais jovens que entrevistamos, antes mesmo da pandemia, descobrimos que o medo de perder o emprego está criando uma geração em angústia perpétua. Ashley, de 26 anos, que trabalha com serviços financeiros, nos disse que a sua ansiedade está ligada à estabilidade no emprego. "A experiência da minha geração foi afetada pelo que aconteceu nos últimos vinte anos: após o onze de setembro, pessoas foram demitidas; na crise de 2008, a mesma coisa. Agora é a IA e os robôs que tornam os nossos empregos desnecessários."

No livro *Kids These Days* [Crianças de hoje], o jornalista Malcolm Harris argumenta que a geração Y, também conhecida como *millennial*, investe mais horas e produz o trabalho com mais eficiência para as grandes empresas, mas recebe menos por isso.[2] Ele diz que os jovens assumem eles mesmos "o custo do treinamento (inclusive a dívida estudantil) [e] o custo de nos administrar como autônomos ou trabalhadores por contrato, porque é isso que o capital procura. Não somos indivíduos, não no que diz respeito aos chefes. A nossa imensa maioria é de trabalhadores (substituíveis)".

Embora para alguns líderes isso pareça duro, constatamos que a opinião de Harris não é tão extremista assim. Sob a promessa de anonimato, entrevistamos para este livro dezenas de indivíduos das gerações Y e Z, a maioria deles profissionais na ativa com formação superior, e isso nos abriu os olhos. A maioria exprimiu a opinião de que, até agora, o capitalismo os deixou de fora: recebem salários menores, menos benefícios, menos apoio e menos segurança do que as gerações anteriores. Na verdade, o medo de demissão é uma grande razão para os trabalhadores concordarem com 24 horas diárias de disponibilidade e olharem o celular às três da madrugada e durante as férias. São movidos pelo medo, e o medo é indistinguível da ameaça em certas partes do cérebro, principalmente no sistema límbico. Quando essa parte do cérebro determina que há uma ameaça, ativa a reação de alerta. E isso, em demasiada frequência, em vez de ajudar a nos concentrar em como melhorar a situação, causa preocupação com o que pode dar errado e indecisão quanto ao rumo a seguir, podendo levar ao estresse crônico.

Embora alguns líderes acreditem que a incerteza econômica, profissional ou competitiva e o estresse resultante deixem o pessoal disposto a um desafio, isso não é de fato o que acontece com grande parte da força de trabalho. A incerteza provoca reações físicas diversas nas pessoas, com consequências geralmente prejudiciais ao desempenho. Veja como ela afetou dois jogadores profissionais de basquete.

Sam Cassell sempre foi excelente no tiro livre, com média de 86,1% de cestas em toda a sua carreira na NBA.[3] Mas, em situações tensas, como a) prorrogação ou b) menos de cinco minutos restantes de jogo e nenhum dos times com mais de cinco pontos de vantagem, Cassel converteu extraordinários 95,5%! Nas situações incertas, Cassell era sangue-frio.

No entanto, ele é a exceção, não a regra.

COMO A ANSIEDADE PREENCHE A LACUNA | 37

Comparemos Cassell com outro jogador, que participou de seis jogos All-Star e cujo nome não vamos mencionar (ele é muito maior do que nós). Esse jogador teve média de vinte pontos e dez rebotes por jogo na melhor época da sua longa carreira e fez lances livres na média de 75% da NBA. Mas, nas situações tensas, o seu percentual de lances livres convertidos em cesta caía para pouco mais de 50%. O sujeito conseguia arrasar no jogo regular, mas, quando a incerteza reinava, a probabilidade de converter um lance livre não era maior do que jogar uma moeda para o alto.

A questão para os líderes: é importante entender o efeito da incerteza sobre o pessoal e atribuir as tarefas certas aos membros certos da equipe. Os chefes que dizem que o seu pessoal precisa "se sentir à vontade com a incerteza" não entendem a psicologia humana. Funcionários podem ir muito bem e até prosperar em tempos de incerteza e nas tarefas com certo grau de ambiguidade — desenvolver uma nova linha de negócio sem políticas nem procedimentos estabelecidos, por exemplo. Mas muita gente nunca se sentirá à vontade nem fará o melhor que pode nesse ambiente, embora tenha ótimo desempenho em tarefas com estrutura e regras conhecidas.

Hoje, é comum que muitos trabalhadores tenham preocupação intensa e crescente com uma miríade de questões incertas, dos desafios maiores, como a pandemia e como ela afetará a empresa, às questões menores, como "o que meu chefe realmente quer neste relatório?" ou "será que estou usando o procedimento certo neste fluxo de trabalho?".

O fato é que essa geração nova é um grupo muito mais ansioso como um todo. Alguns a chamaram de "geração paranoia". Os jovens de hoje tendem a ficar obcecados com segurança e, mesmo antes da Covid-19, são perturbados por uma sensação generalizada de ameaça. Na revista *The Atlantic*, Ashley Fetters descreve uma geração de jovens que examinam qualquer cômodo em que entrem atrás de pontos de saída e imaginam roteiros de sobrevivência em uma situação em que alguém comece a atirar. Consegue imaginar como é trabalhar, e ainda por cima relaxar, em um mundo assim?[4]

Os líderes também precisam ter consciência da preocupação geralmente desgastante do pessoal com opções de carreira e a falta de oportunidade de avançar no emprego, sem falar do medo avassalador de perder a vaga. Um rapaz da geração Y resumiu em uma entrevista conosco: "O conceito de não me preocupar com a segurança no emprego me é totalmente estranho." Ele não é o único. Em relação à geração X, quatro vezes mais pessoas da geração Y cita o "medo de perder o emprego" como uma das suas principais preocupações no trabalho, de acordo com a revista *Forbes*.[5]

A incerteza se intensifica quando, em todos os níveis, os gestores não comunicam com clareza, precisão e coerência os desafios que as suas empresas enfrentam — e como essas questões podem afetar o pessoal. Precisamos reconhecer que o ritmo da mudança nos negócios acelerou consideravelmente, e as organizações são afetadas mais depressa do que nunca. Para os trabalhadores, também não há muitas informações disponíveis na internet sobre o estado da empresa e, quando há, em geral não são positivas. Ainda assim, a maioria dos líderes não adaptou a abordagem nem a frequência das comunicações para ajudar a controlar a sobrecarga resultante de ansiedade ou equilibrar as vozes negativas externas.

Embora haja pouco que um gestor possa fazer individualmente para atacar a raiz da incerteza mais ampla, o que ele *pode* fazer é transmitir o que sabe sobre os desafios e o modo como a organização vai enfrentá-los, principalmente como esses desafios podem afetar a equipe e as suas prioridades.

Liz Wiseman, autora de *Multiplicadores* e ex-líder global da Oracle, nos disse: "Ao lidar com a pandemia, a injustiça social ou apenas o excesso de coisas a serem feitas hoje, o papel do líder é dizer ao pessoal: 'Venham comigo para a escuridão. Juntos, encontraremos o caminho em meio à complexidade, à incerteza, à ambiguidade e à volatilidade até um lugar melhor'. O líder aproveita a inteligência coletiva da equipe para encontrar respostas pelo caminho."

No entanto, o desafio da maioria dos líderes é a relutância em admitir que não sabem tudo. O que Wiseman descreve é um jeito muito diferente de pensar a liderança.

O poder da franqueza

No meio da pandemia de 2020, Darcy Verhun, presidente da FYidoctors, dedicou-se ao que chamou de "transparência constante na comunicação".

A FYidoctors opera mais de 250 clínicas de optometria no Canadá, espalhadas por todo o país, e estava entrando nos Estados Unidos quando, devido à Covid-19 — para obedecer às diretrizes de saúde pública —, foi forçada a fechar temporariamente todas as clínicas, exceto para atendimento de emergência. "Para manter todos informados durante esse período estressante, fizemos atualizações diárias pelo Zoom com a equipe inteira, que tem quase três mil colegas", nos contou Verhun. "Antes das reuniões, a equipe executiva reservava um tempo para pensar na incerteza dos membros da equipe e no que poderiam estar sentindo. Fazíamos as ligações da sala de reunião da sede. Queríamos mostrar aos profissionais de atendimento de emergência que estávamos preparados para fazer o que lhes pedíamos que fizessem durante a pandemia enquanto seguíamos as diretrizes das autoridades de saúde. No começo de cada chamada, confirmávamos o nosso plano, as questões principais em que estávamos trabalhando naquele dia e o que mudara desde a reunião do dia anterior. Todo dia era fluido e dinâmico. O que estávamos vivendo era incrivelmente estressante para todos, e, conforme as reuniões se desenrolavam, havia muitas perguntas no chat para a equipe executiva. Às vezes, nos interrompíamos e respondíamos a uma pergunta na hora. Era preciso pensar depressa para responder com abertura e transparência. Por nos dispormos a fazer isso, construímos confiança e um engajamento profundo com a equipe."

Verhun contou que, algumas semanas depois, os executivos descobriram que não eram mais os únicos a responder às perguntas. "Os nossos médicos e a equipe começaram a orientar uns aos outros e a responder às perguntas mais depressa do que as líamos no chat. Isso nos revelou que todos ajudavam a construir soluções e a avançar coletivamente rumo às metas que a equipe de liderança tinha identificado para a organização. Isso só foi possível por causa da clareza apresentada logo no começo e dos valores e princípios condutores e inabaláveis que toda a nossa equipe entendeu que usávamos para tomar decisões."

No meio do ano, as clínicas FYidoctors voltaram a abrir, e a empresa teve o maior crescimento e o maior resultado mensal em doze anos de história.

Não é preciso ir além do declínio da Yahoo para ter um exemplo de como a falta de transparência prejudica o moral em épocas incertas.[6] Apesar da aparência externa otimista para os investidores, os funcionários começaram a duvidar da viabilidade da empresa em meados dos anos 2010. De acordo com entrevistas do *The New York Times* com funcionários da Yahoo, os líderes tinham embarcado em uma série de "demissões furtivas". Eles chamavam um punhado de pessoas toda semana e as demitiam em silêncio. Ninguém sabia quem estaria em segurança ou quem seria o próximo, e o medo paralisou muitos trabalhadores. Todo o processo foi confuso e desmoralizante para os funcionários leais que amavam a empresa e acreditavam nas suas plataformas. "Todos queremos causar o máximo de impacto possível e aproveitar os pontos fortes existentes da Yahoo", disse na época o funcionário Austin Shoemaker, resumindo o sentimento de muitos trabalhadores leais.

Finalmente, em março de 2015, a presidente executiva Marissa Mayer disse à equipe, em um evento com a presença de todos, que a sangria acabara. Chegou a fazer uma piada sarcástica e dizer que ninguém seria demitido naquela semana. Mas, pouco tempo depois, os cortes recomeçaram.

Os funcionários sabiam muito bem que a concorrência da Yahoo era feroz. A empresa também enfrentava a queda de publicidade de todo o setor, sem falar do desafio de tentar se destacar em tantas coisas — das notícias e esportes às buscas na internet e ao e-mail. Mas os funcionários entrevistados diziam que queriam enfrentar os obstáculos como uma equipe coesa, mesmo que isso significasse que alguns teriam que partir para que a empresa sobrevivesse. Enquanto Mayer tentava esconder as demissões por trás do eufemismo "remix", um funcionário disse ao *New York Post*: "Acho que as pessoas não querem ser apaziguadas. Querem ser respeitadas e saber dos fatos para que possam planejar a vida e também ajudar."

Em quase todas as empresas, muito antes de surgirem notícias de fracassos, demissões, fusões ou crises, a maioria dos funcionários percebe que a companhia enfrenta dificuldades. Em épocas incertas, a ansiedade (e, muitas vezes, a apatia) é amplificada quando os gestores não falam dos problemas com transparência nem do que a empresa está fazendo para resolvê-los.

Vejamos a General Electric como outro caso infeliz no mandato do presidente executivo Jeffrey Immelt.[7] Os funcionários começaram a entender que a empresa enfrentava dificuldades graves muito antes do público. Ainda assim, um "teatro do sucesso" escondeu as dificuldades da multinacional durante anos. Fontes internas disseram ao *Wall Street Journal* que seu maior líder não queria ouvir nenhuma má notícia, e os executivos continuaram a projetar um otimismo que nem sempre combinava com a realidade do mercado, nem das operações. Em maio de 2017, diante de uma sala de analistas de Wall Street, Immelt disse: "Esta é uma empresa forte, fortíssima" e defendeu as metas de lucro da GE. "Não é um lixo. Na verdade, é muito boa [...]. Hoje, quando penso no valor da ação comparado ao que é a empresa, é uma defasagem."

Era, mas não no sentido que ele falava. As ações da GE, que valiam quase 28 dólares naquele dia, menos de dois anos depois cairiam abaixo de seis dólares.

Observamos o novo presidente executivo Larry Culp instilar na GE uma cultura revitalizada em que as partes interessadas internas e externas entendem com clareza a estratégia e os funcionários podem falar de problemas difíceis, sabendo que esses problemas serão enfrentados de forma franca e direta. Com seis meses no cargo, ficamos animados ao ouvir Culp explicar: "O que estamos tentando fazer é explicar às pessoas, da maneira mais transparente possível, quais são os problemas e o plano que temos. Mas vai levar tempo. E não queremos pôr panos quentes."[8]

Como Culp, outros líderes ao redor do mundo tentam envolver os funcionários como parceiros nesse processo de trabalhar em meio à incerteza. Por exemplo, em 2013, os executivos da AT&T concluíram que cem mil dos 280 mil trabalhadores ocupavam vagas que, muito provavelmente, não teriam relevância dali a menos de uma década.[9] Como muitas empresas do setor de tecnologia, a AT&T enfrentava um futuro em que os negócios legados ficariam rapidamente obsoletos. Com um setor que ia de cabos e equipamentos físicos até internet, nuvem e ciência dos dados, os líderes da AT&T sabiam que a empresa teria que se reinventar. Eles transmitiram aos funcionários os desafios pendentes e mostraram o compromisso de tentar manter os trabalhadores, não querendo abandonar o conhecimento e a paixão do pessoal.

Desde 2013, a AT&T gastou por ano cerca de 250 milhões de dólares na formação dos funcionários e em programas de desenvolvimento profissional, sem falar de mais de trinta milhões de dólares anuais em auxílio para pagar faculdades. Em 2018, a empresa estimou que metade dos funcionários estava ativamente engajada em adquirir habilidades para as vagas recém-criadas. Pessoas retreinadas ocupavam metade de todas as vagas de gestão de tecnologia e receberam metade de todas as promoções.

Jacobie Davis, especialista em suporte de redes, trabalhava na AT&T havia mais de vinte anos, tendo ocupado vários cargos, de vendas à manutenção de emergência. Dada a transição para o software de foco da empresa, ele reposicionou as habilidades para conseguir uma vaga de engenheiro de desenvolvimento de produtos em ambientes de teste baseados na nuvem. Ele disse: "É dificílimo descrever a imensa diferença entre as coisas para as quais estamos avançando e o tipo de tecnologia antiga com que eu trabalhava. É como noite e dia." (No capítulo 4, apresentamos um Modelo de Desenvolvimento de Habilidades para ajudar esse processo.)

Essa é uma empresa que entendeu que demissões imensas minariam a confiança na gestão e a confiança necessária para o desempenho, a inovação e o engajamento dos funcionários. Desde o começo dessa reformulação de talentos e, em grande parte, por se comunicar sinceramente com a força de trabalho e retreiná-la, de 2013 a 2019 a AT&T aumentou a receita de 129 bilhões de dólares para 181 bilhões, reduziu a duração do ciclo de desenvolvimento de produtos, acelerou a passagem da produção à receita e até entrou pela primeira vez na lista de 100 Melhores Empresas para Trabalhar da revista *Fortune*.

Quando os executivos de uma empresa não usam uma abordagem clara e franca como essa, os líderes das equipes ficam limitados quanto ao que podem contar para reduzir a incerteza; mas, dentro desses limites, achamos que ainda há muito que possam fazer. Em uma entrevista com Rita McGrath, professora da Columbia Business School, faculdade de administração da Universidade de Columbia, ela disse que é preciso que os gestores tentem absorver o máximo possível da incerteza, em vez de empurrá-la para o seu pessoal (é claro que isso pode aumentar um pouco o nível de ansiedade dos próprios gestores, porém o mais comum é que os líderes consigam aceitar muito mais risco do que o seu pessoal).

McGrath citou o exemplo de uma equipe de desenvolvimento de produtos de uma seguradora com que ela trabalhava. Como pano de fundo, nos Estados Unidos os seguros são regulamentados estado a estado, e a possibilidade de lançar um novo produto em um estado específico depende do comitê regulatório daquela região. Bill, o líder do projeto, perguntou a Todd, o seu contato no setor de operações, se a equipe estava pronta para lançar o novo produto que estavam desenvolvendo, mas Todd desconversou. A dra. McGrath explicou a Bill que teria que ser específico e definir para o setor de operações em quantos estados americanos teriam que estar prontos para o lançamento. "Mas ainda não sabemos", respondeu Bill. McGrath disse que, no seu papel de liderança, Bill tinha mais condições de errar que o seu contato de operações de nível mais baixo. O líder do projeto voltou a

Todd e disse: "Espero que vocês estejam prontos em quinze estados." A conversa imediatamente mudou para melhor. Todd disse que com aquilo a sua equipe conseguiria lidar, e que poderiam chegar até vinte estados, caso tomassem recursos emprestados.

Embora algum grau de desconhecimento sobre o trabalho seja inevitável, esse exemplo ilustra que os gestores podem preencher com clareza as lacunas para os membros da equipe, mesmo em circunstâncias voláteis.

Neste capítulo, apresentaremos uma série de seis métodos que os gestores podem usar para ajudar os membros da equipe a lidar com a incerteza de problemas mais amplos, como as possíveis ameaças à organização. No entanto, discutiremos primeiro a questão mais importante sobre a qual os líderes têm que se comunicar para reduzir a incerteza: o desempenho e o desenvolvimento individuais.

Comunicar-se individualmente com frequência

Boa parte da ansiedade do funcionário tem a ver com o próprio desempenho e as suas oportunidades de crescimento. Em outras palavras: *Como estou indo?* e *Tenho futuro aqui?* Os gestores criam mais ambiguidade quando não são claros sobre essas coisas. Um executivo para quem trabalhamos certa vez costumava nos dizer, quando lhe entregávamos as tarefas: "Ainda não é isso, mas saberei quando for." Depois, nos dispensava. Ele achava que estava dando à equipe a "liberdade criativa", estimulando o melhor trabalho, mas na verdade intensificava a ansiedade em níveis torturantes.

É claro que entendemos que há métodos formais de dar *feedback* aos funcionários, como a avaliação anual, mas a pesquisa mostrou que esse tipo de verificação pouco frequente é extremamente inadequado para resolver a incerteza que muitos sentem sobre o emprego nos seis ou doze meses entre essas reuniões. Muitas empresas decidiram alterar as avaliações de desempenho ou abandoná-las por completo e substituí-las por outros processos de análise e desenvolvimento dos funcionários que fossem mais pontuais, frequentes e facilitados pelo supervisor imediato. Chamamos esse processo de *avaliação contínua*, um modo de oferecer retorno constante e avaliar o desempenho do funcionário com métricas em tempo real.

Greg Piper, diretor mundial de aprimoramento contínuo da Becton, Dickinson & Co., realiza sessões individuais de meia hora sobre desempenho e desenvolvimento com cada um dos membros da equipe, todos eles remotos e espalhados pelo mundo. "'Sobre o que *você* quer falar?' é sempre a primeira pergunta que faço", disse Piper.

Stephan Vincent, diretor sênior da LifeGuides, uma rede de apoio entre pares, diz que começa cada dia com a mesma pergunta. "Toda manhã, a minha primeira mensagem a todos na equipe é: como você está se sentindo *hoje*? Porque hoje provavelmente é diferente de ontem." Essas verificações antes de começar não deveriam ser apressadas, e as pessoas precisam de tempo para contar suas histórias, se quiserem. Cabe ao líder descobrir o que está além do "tudo bem".

"O local de trabalho do amanhã será muito mais humano e menos transacional do que tem sido", acrescentou Vincent. "Criar laços mais profundos, em última análise, vai beneficiar a empresa com mais produtividade, mais colaboração, mais inovação."

Com tudo isso, observe que nunca é apropriado perguntar a alguém: "Você tem ansiedade?" Como Anthony explicou, "essa é uma violação da privacidade e pode piorar a situação. Em vez disso, pense em perguntar particularmente algo como: 'Notei que você está com dificuldades nessas situações estressantes específicas. Posso ajudar em alguma coisa?'".

Os indícios do valor das verificações frequentes vêm da pesquisa da BetterWorks, que constatou que funcionários que se reúnem e discutem *semanalmente* com os gerentes o progresso rumo às metas têm probabilidade 24 vezes maior de atingi-las.[10] Com *feedbacks* constantes, os gerentes também conseguem dar um retorno difícil quando necessário e conter os sentimentos de ansiedade de muitos funcionários que fazem um bom trabalho mas, na verdade, se preocupam com o seu desempenho. De acordo com uma pesquisa da Leadership IQ, com trinta mil participantes, só 29% dos adultos que trabalham sabe se o seu "desempenho está como deveria". Igualmente perturbador: mais da metade diz que *raramente* sabe se faz um bom trabalho.[11]

Tyler, funcionário de atendimento ao cliente com quem conversamos, disse que começou a se sentir à deriva quando passou de ter um gerente muito comunicativo para outro mais calado. Sem saber o que esse novo sujeito pensava do seu desempenho ou se achava que conseguiria progredir, Tyler finalmente pressionou o chefe para receber algum *feedback* e reduzir a incerteza que sentia. Eles se reuniram, e o gerente revelou alguns pontos positivos que vira até então e também citou algumas coisas que poderiam melhorar. Tyler nos disse que achou as ideias de aprimoramento "incômodas" e ficou obcecado com os pontos negativos. Ele não é o único. O cérebro humano tem um viés de negatividade. Há um pico maior de atividade elétrica do cérebro em resposta a notícias deprimentes do que a notícias animadoras. E as coisas ruins que ouvimos sobre nós grudam como velcro, mesmo que o lado bom seja dez vezes maior que o ruim. Ironicamente, talvez por isso aquele gerente detestasse tanto dar *feedback* ao seu pessoal.

Tyler permitiu que o treinássemos para tentar algo novo quando os dois voltassem a se encontrar. Dissemos a ele que prestasse atenção primeiro a todos os pontos positivos que o chefe mencionasse e os escrevesse. Dissemos que só se concentrasse nos pontos fracos depois de registrar todo o pensamento do gerente sobre os seus bons atributos. Ele nos contou que foi esquisitíssimo anotar as coisas boas que o chefe disse e mais esquisito ainda pedir esclarecimentos sobre elas; mas, depois de apenas dez minutos disso, ele começou a perceber que o gerente tinha plena consciência dos seus pontos fortes. Então, Tyler viu as ideias de aprimoramento que o chefe lhe deu sob uma nova perspectiva. Elas o ajudariam a desenvolver os seus talentos para que pudesse progredir; não eram uma condenação das suas habilidades em geral. Tyler saiu da reunião com uma confiança recém-descoberta.

A lição a aprender com isso, que desde então repassamos aos líderes com que trabalhamos, é dedicar muito mais tempo do que antigamente para ser claríssimo na avaliação dos pontos fortes dos funcionários.

Uma reclamação que ouvimos sobre isso é que, dessa forma, daria trabalho demais aos gerentes superar a incerteza de cada funcionário — seria preciso treinamento, comunicação e orientação demais. Adrian ouviu isso em Estocolmo, no fim de 2019, quando dava um workshop sobre a condução da mudança cultural no Fórum Nórdico pelo Aprimoramento Contínuo. As muitas centenas de pessoas presentes eram de várias empresas da Suécia. Em certo momento, Adrian lhes deu uma tarefa para ajudar a encontrar um modo melhor de falar com a equipe sobre as mudanças e melhorar o fluxo ascendente e descendente de informações em ambientes complexos. Na hora das perguntas, um gerente mais velho se queixou da geração mais jovem: "Comandá-los é difícil porque querem uma quantidade *excessiva* de orientação e *feedback*."

Sentados à mesma mesa havia dois trabalhadores mais novos, de rostos jovens, claramente com vinte e poucos anos. Então, Adrian lhes perguntou: "*Vocês* precisam de um volume excessivo de orientação e *feedback*?."

O grupo deu uma risadinha, e uma das jovens falou com o típico tato sueco. "Não acho que seja inteiramente verdade", disse. "Acredito que preciso de orientação e *feedback coerentes*." Ah, a sabedoria da juventude!

Em geral, quando os funcionários não conseguem se adaptar a mudanças ou se recusam a forçar os limites, descobrimos que têm medo das consequências no emprego, embora possam ser mais do que capazes de ir além do que se pede, modificar o seu comportamento ou forçar o *status quo*. Como os líderes não lhes pedem claramente, essas pessoas nunca fazem nada além do que lhes solicitam. O pior é que não falam quando deveriam.

Em uma entrevista para este livro, a dra. Amy Edmondson, da Harvard Business School, autora de *A organização sem medo*, explicou: "Quando sentem a ansiedade interpessoal se acentuar, as pessoas se preocupam: 'Vou me meter em encrencas se…?' ou 'Serei rejeitado se…?'. A segurança psicológica representa a ausência de ansiedade interpessoal, a ansiedade de 'o que você pensa de mim?', tão predominante na experiência humana e que pode dificultar que as pessoas façam o que é certo, desde dar uma ideia até evitar crises abrindo a boca."

A clareza dos gestores em situações individuais dá aos trabalhadores uma noção do que é ou não permitido e que tipo de ação é necessária no momento. Também ajuda os funcionários a assumir novos projetos ou supervisionar tarefas, porque entendem os parâmetros da nova responsabilidade e a liberdade que têm ou não na tomada de decisões.

Eis um exemplo. Certa vez, conversamos com Brett Fischer, diretor de *merchandising* do time de futebol Real Salt Lake, da Major League Soccer, um dia depois que o time jogou a final em casa. Fischer encarregara uma funcionária amistosa e extrovertida chamada Lisa de cuidar do caixa da loja do time. Ele estava muito ocupado e, ao passar a tarefa à Lisa, disse apenas "Faça a sua mágica" e saiu para cuidar de outra coisa.

Lisa começou a bater papo com cada freguês da fila, fazendo-lhe perguntas e contando histórias engraçadas aqui e ali. No dia daquele grande jogo, as conversas amistosas dela atrasaram o avanço da fila. Fischer a chamou em um canto e disse: "Não fui claro. A culpa é minha. Normalmente, é ótimo que você converse com os fregueses, mas hoje precisamos de urgência no caixa. Eis as opções: podemos pôr outra pessoa no caixa e deixar que você atenda os clientes no salão ou você se concentra no caixa a mil por hora."

No começo, ele disse que Lisa ficou magoada e defensiva. "Ela pensou que eu a criticava como pessoa." A ansiedade dela disparou. Mas Fischer esclareceu que, naquele dia movimentadíssimo, os clientes precisavam de velocidade. Ela acabou dizendo que queria ficar no caixa.

Fischer foi ver várias vezes como estava Lisa nas horas seguintes, e a fila dela acabou ficando rápida. "No fim do jogo, ela foi embora se sentindo o máximo", disse ele.

Sem dúvida, essa foi uma interação modesta. Mas a maioria das interações em uma equipe é assim, não é? Fischer tinha criado ambiguidade e teve a grandeza de admitir o seu erro. Ele tentou desarmar uma situação potencialmente cheia de ansiedade concentrando-se nos negócios e dando um retorno franco, mas gentil, e ajudou Lisa a ver do que os clientes precisavam, em vez de fazê-la sentir que fracassara.

Ele aprendeu que, ao dar uma orientação prévia clara sobre o que é esperado, os funcionários começam a corrida engatando uma marcha muito mais eficaz.

Apesar da vantagem de comunicações individuais claras e regulares, muitos gestores ainda se dizem decepcionados porque o seu pessoal quer esse tipo de orientação. Eles esperam que os membros da equipe ajam com mais autonomia. É verdade que um certo grau de autonomia, além de vital para a eficácia, também aumenta a sensação de empoderamento, e ninguém gosta de ser microgerenciado. Mas o normal é que os gestores tenham muito *know-how* e exemplos valiosos a dar sobre o modo como abordam o trabalho que o seu pessoal está fazendo. Quando não reservam um tempo para compartilhar esses conhecimentos, podem aumentar consideravelmente o nível de ansiedade.

Com o modo muito específico de operação das empresas de hoje e com plataformas exclusivas para quase todas as equipes, acertar as coisas realmente está nos detalhes. Mostrar minúcias talvez seja tedioso, mas os líderes deveriam pensar em como abordar as tarefas como se fosse a primeira vez. Muitos detalhes simples que eles citariam rapidamente talvez se tornem o foco de conversas importantes com os membros da equipe.

Seis métodos para atacar a incerteza

A partir do nosso trabalho treinando líderes, desenvolvemos um conjunto de métodos que qualquer gestor pode usar para se comunicar com os funcionários e reduzir a incerteza. Esses métodos incluem ma-

50 | A ANSIEDADE NO TRABALHO

neiras de ajudar os membros da equipe a se sentirem necessários e engajados com reuniões coletivas regulares para discutir e debater mudanças do setor e como elas podem afetar a equipe; incorporar modos de escuta ativa e individual das preocupações e sugestões do funcionário; e desenvolver métricas para medir o sucesso ao ajudar as pessoas a se sentirem informadas de possíveis dificuldades enfrentadas pela empresa e envolvidas na busca de soluções.

Método 1: Tudo bem não ter todas as respostas

Quando era gerente-geral do Microsoft Learning, Lutz Ziob conduziu a equipe de quatrocentos funcionários em uma transformação significativa.[12] Durante anos, sua organização de ensino com foco externo lucrara dentro de grandes empresas clientes, ensinando os trabalhadores a usar as ferramentas da Microsoft. A empresa tinha uma operação multibilionária com base nesse modelo de negócio. De olho no horizonte, o debate era largar esse modo lucrativo de atuar e começar a treinar as pessoas no uso de produtos Microsoft muito mais cedo, na universidade ou no ensino médio. Ziob não tinha as respostas; recorreu ao seu pessoal e criou um modo estruturado de debater.

Ele pediu aos membros da equipe que comparecessem a uma série de discussões levando provas e pontos de vista. Eles teriam de defender a sua opinião com veemência e depois se dispor a trocar de lado. Por exemplo, Chris argumentaria contra a mudança do ponto de vista das vendas, e Lee Anne defenderia a mesma mudança sob o ponto de vista do marketing. Então, Ziob mandaria os dois trocarem de lado e continuarem a discussão. Como explica a autora de sucesso Liz Wiseman, "no fim, era difícil saber quem ganhara o debate. Não importava. A troca obscurecia a parte do 'quem'".

Ziob mitigou o máximo de incerteza possível e construiu uma equipe próspera oferecendo as melhores informações disponíveis e um ambiente para o pessoal analisar o seu futuro e tomar em grupo decisões embasadas. Quando entrevistou os que se reportavam a Ziob diretamente, conta Wiseman, "eles disseram que o seu líder criava um ambiente de aprendizagem em que as pessoas poderiam experimentar, correr riscos e cometer erros. Foi isso que permitiu à equipe tomar decisões inteligentes em uma época de incertezas".

Método 2: Reduza o controle em tempos difíceis

Em uma entrevista com Nicole Malachowski, primeira mulher piloto dos Thunderbirds, o esquadrão de demonstração da Força Aérea americana, ela explicou de que modo os pilotos voam quando há turbulência ou vento frontal. "É da natureza humana resistir à mudança. Quando voamos em formação com um metro de distância a setecentos quilômetros por hora, de cabeça para baixo, temos um acordo entre nós. Afrouxar o controle. Se voar com a mão no manche apertando os cinco dedos e tentando reagir a cada sacolejo, você cairá no que chamamos de oscilação induzida pelo piloto. Correções maiores. É inseguro e piora a situação. Não é assim que se alimenta a mudança. Quando a situação fica instável, relaxamos no manche e só usamos poucos dedos."

Infelizmente, a pesquisa mostra que mais da metade dos trabalhadores diz que os gerentes ficam mais controladores e com a mente mais fechada em situações ambíguas de alta pressão.[13] A analogia de Malachowski é um jeito incrível de pensar a liderança de uma equipe em épocas de incerteza. Geralmente, como líderes, se combatermos a mudança e tentarmos controlar cada aspecto do trabalho dos funcionários durante a crise, faremos a situação piorar. Quando ficarem relaxados — abertos e curiosos —, os líderes terão mais sucesso a longo prazo e manterão a equipe unida.

Pense novamente na situação de Brett Fischer e Lisa. Sem dúvida foi um dia movimentadíssimo na loja, e a pressão de mostrar resultados caía sobre os ombros de Brett, o gerente. Em vez de usar alguns minutos para ter aquela conversa carinhosa, particular e concentrada com Lisa, imagine o que aconteceria se ele tentasse microgerenciar,

52 | A ANSIEDADE NO TRABALHO

talvez fazendo gestos no outro lado da sala para ela se apressar, assumindo ele mesmo o serviço ou lhe dando instruções complicadíssimas de como se comportar a partir de então.

Com que frequência nós, como líderes, começamos a microgerenciar quando a situação fica tensa?

Tasha Eurich, psicóloga empresarial que escreve sobre autoconsciência e também sofre de ansiedade, nos contou que os líderes têm que viver o presente durante as crises. "Há muita incerteza. Durante a pandemia, por exemplo, nos preocupamos: quando haverá vacina? quando voltarei ao escritório? Não sabemos. O que posso controlar é o dia que tenho, ou o momento que tenho, e isso reduz a experiência de estresse. Quando se tem ansiedade toda noite antes de se deitar, a mente dispara. Assim, me forço a pensar em como seria o amanhã em sua melhor forma. Expectativas realistas: talvez eu receba o telefonema de um velho amigo ou o pedido para trabalhar com um cliente. É como projetar esperança e otimismo. Você diz a si mesma: 'Tudo vai dar certo.'"

Quanto ao comentário da dra. Eurich, observe que é extremamente adequado que, de vez em quando, os líderes avisem às equipes que estão sobrecarregados e precisam de ajuda. Esse tipo de vulnerabilidade do chefe — admitir a ansiedade — fará muito para ajudar as pessoas a se abrirem quando também precisarem de ajuda.

Método 3: Garanta que todos saibam exatamente o que se espera deles

Pode parecer básico, mas, quando os funcionários não entendem o que precisa ser feito no dia a dia, é como jogar lenha na fogueira da ansiedade. Os gestores podem reagir a essa sugestão dizendo: "É claro que o meu pessoal sabe o que deve fazer! Eles têm a descrição de seus cargos, os cronogramas. Têm indicadores de desempenho e metas a cumprir." Cada pessoa deveria ter um conjunto de metas específicas. Mas, repetidamente, membros de equipes com quem conversamos dizem que sofrem de falta de clareza sobre o que realmente se espera deles ou de como estão indo em relação às metas.

Pelos trabalhadores que entrevistamos para este livro, podemos atestar que muita ansiedade vem de detalhes do serviço que os gerentes costumam presumir que sejam insignificantes. Regra: quando faz perguntas sobre minúcias, o funcionário não conhece direito o processo. Vários dos nossos jovens entrevistados se queixaram do treinamento que receberam na empresa, que dava uma visão geral e não era específico sobre como alguém no cargo deles usaria o software, seguiria um procedimento ou implementaria um sistema. Como disse Anthony, da geração Y: "Em alguns empregos que tive, me abandonaram no lado mais fundo da piscina e ninguém me explicou os detalhes. Muitas vezes, pensei: 'Ah, não, vou ter que perguntar sobre isso pela terceira vez. Talvez eu não sirva mesmo para isso'. Em certo momento, os detalhes acabavam se tornando instintivos, e talvez fosse por isso que ninguém os mencionava; mas eles foram as coisas mais difíceis de aprender."

Sim, as pessoas podem ter metas, mas, como Anthony descreveu, a ansiedade pode disparar quando os funcionários não recebem orientação suficiente sobre *como* cumprir a meta; quando ninguém dedica um tempo a lhes mostrar abordagens mais eficazes ou avisá-los de erros comuns a evitar; ou quando um gerente não os ajuda a lidar com as dificuldades que surgem.

Outro jovem funcionário nos confidenciou: "Eu daria tudo para o meu chefe dedicar alguns minutos de vez em quando a me ajudar a priorizar tudo o que está acontecendo e, talvez, me dar uma ideia do espaço que tenho para tomar as minhas próprias decisões." Esse comentário merece ser relido por todos nós na liderança.

Em muitos casos, os chefes acham que *estão* transmitindo claramente as suas expectativas, quando, na realidade, não estão sendo nada claros. Isso pode fazer os trabalhadores empacarem ou falharem. Mas, quando percebem que não estão sendo claros, os melhores líderes aceitam a responsabilidade, se deixam corrigir e fazem o possível para explicar com mais clareza o que é necessário.

Quando a época é incerta, a distância do alvo deveria ser consideravelmente encurtada, diz Deepak Nachnani, presidente executivo

54 | A ANSIEDADE NO TRABALHO

e fundador da peopleHum, empresa de gestão de capital humano. "Pensar longe demais no futuro provoca estresse, que eleva o nível de ansiedade. Na empresa, quando estamos no modo de sobrevivência, estabelecemos metas semanais. 'O que vamos fazer semana que vem?' Então ninguém fala em metas de longo prazo; mantemos as pessoas trabalhando com metas de curtíssimo prazo, para os pensamentos negativos não terem a mínima chance de entrar na cabeça."

Método 4: Mantenha as pessoas concentradas no que pode ser controlado

Alguns fatores que afetarão o desempenho do funcionário e o futuro de qualquer equipe ou empresa simplesmente estão além do controle dos indivíduos. Uma queda na economia provavelmente afetará as vendas; a falha de um fornecedor importante retardará a produção e as entregas aos clientes. Quando os membros da equipe concentram os pensamentos no que não podem controlar, a ansiedade cresce. Faz parte da liderança eficaz ajudar os trabalhadores a admitir o que não podem mudar e direcionar a sua atenção para o que *podem*. Isso alivia mais a tensão do que uma sessão de acupuntura.

Certa vez, visitamos uma equipe de atendimento ao cliente. O departamento recebera parte dos Estados Unidos como território de trabalho. Em uma sessão de grupo focal, os funcionários identificaram o sistema antiquado de gerir o fluxo de demandas da empresa como um ponto problemático. Nenhum dos membros da equipe conseguia acompanhar os serviços. Eles estavam frustradíssimos.

No entanto, apesar disso, a equipe atingia notas altas pela *qualidade* do trabalho. Os funcionários nos contaram que apreciavam muito a líder da equipe, que conseguia aliviar a ansiedade ligada à expectativa de velocidade. Ela treinou os trabalhadores para aceitar que o sistema era do jeito que era e que as outras regiões do país não eram mais velozes. Incentivou o pessoal a redirecionar a atenção para a *precisão*. Absorvia as críticas que vinham de cima e ajudava a equipe a se concentrar no que *conseguiria* fazer a cada dia. Ela ajudou o pessoal a estabelecer cronogramas factíveis e os motivou a cumpri-los; no fim de cada semana, eles comemoravam os sucessos em *qualidade*.

Ela disse: "O que podemos controlar é a nossa ética no trabalho, a qualidade do produto que fornecemos e como tratamos uns aos outros e os clientes." O que essa chefe fez o pessoal praticar se chama "aceitação emocional". Ela não tentou sufocar a sensação de estresse com o pensamento positivo, o que, em geral, só piora a situação. Em vez disso, reestruturou as listas de afazeres para dar ênfase ao que conseguiriam realizar de forma realista.

Infelizmente, hoje em dia metas vagas ou irreais não são raras. É comum usar alvos inalcançáveis ou ambíguos para forçar as equipes até o limite. Mas, quando ninguém atinge a meta, isso pode causar esgotamento, desengajamento e ansiedade intensa com a expectativa não cumprida. Essa líder foi capaz de explicar que cada pessoa dava uma contribuição valiosa, e isso fez toda a diferença.

Um modo de fazer isso é redistribuir as listas de afazeres dos funcionários para assegurar que cada item contenha um verbo de ação, como: "*Ligue* de volta dentro de uma hora." Não encontrar um verbo de ação concreto para uma meta é sinal de que a ação está além do controle da pessoa e, provavelmente, vai causar estresse indevido. Exemplo: a meta "bons hábitos telefônicos são essenciais" é vaga e, quase com certeza, causará mais estresse nos membros da equipe.

Método 5: Tenha um viés de ação

"Para ajudar o nosso pessoal a regular a ansiedade, mostramos como aceitar riscos e ter um viés de ação", explicou Stan Sewitch, vice-presidente de Desenvolvimento Organizacional Global da WD-40 Company. "Uma das coisas que mais alivia o estresse, comprovadamente útil para reduzir o estímulo do sistema nervoso simpático, é o movimento. Isso inclui tanto o movimento físico quanto o intelectual."

Com um viés de ação na equipe inteira, os funcionários passam a ter menos medo de tomar decisões e avançar, mesmo diante da incerteza. Nessa cultura, as pessoas não passam dias, semanas e meses debatendo se a sua abordagem é a única lógica; elas fazem as coisas e percebem que nem tudo será perfeito. Também não têm medo de serem responsabilizadas por más decisões. Esse é um conceito tão importante que "viés de Ação" é um dos valores centrais da Amazon, a gigante do varejo.[14] Como proclama a empresa: "A velocidade importa nos negócios. Muitas decisões e ações são reversíveis e não precisam de análise aprofundada. Valorizamos correr riscos calculados."

Contudo, durante a incerteza, muita gente fica paralisada e não consegue decidir que rumo tomar, com medo de ser responsabilizada por um passo em falso. Sewitch acrescenta que o papel do líder é, primeiro, dizer a verdade, para que o pessoal tenha toda as informações disponíveis (eis o que sabemos e o que não sabemos), e depois incentivar e guiar os membros do grupo para entrarem em ação. Os líderes também dão o exemplo, pois as pessoas acreditam nos comportamentos que observam, não nas palavras que ouvem. "É importante que as pessoas saibam onde você vê melhoras, porque elas podem não reconhecer essas melhoras em si. Depois, comemore essas vitórias. Finalmente, não castigue quem cometeu erros inteligentes, os chamados momentos de aprendizado."

Para explicar esse conceito do "momento de aprendizado", Garry Ridge, presidente executivo da WD-40 Company, nos disse: "O momento de aprendizado é o resultado positivo ou negativo de qualquer decisão, ação ou evento livremente compartilhado com todos para aumentar o conhecimento coletivo da nossa comunidade." E acrescentou: "Pode ser um período frustrante, um surto de inspiração, um avanço do trabalho colaborativo em que as pessoas tropeçam em um problema, desenterram uma oportunidade ou fracassam em uma iniciativa e depois transmitem o que aprenderam sem medo de represálias. Não esperamos perfeição. A busca da perfeição não produz bons resultados. Só impede que as pessoas ajam ou corram riscos. Esperamos que as pessoas sejam curiosas, que experimentem e que se sintam à vontade com a incerteza do resultado."

Então, Ridge explicou sua própria revelação com os momentos de aprendizado: "Quando sou apresentado em eventos, a reputação da nossa empresa geralmente me precede. O mestre de cerimônias diz coisas legais sobre mim, aí eu digo: 'Vou lhes contar a verdade. Sou presidente do conselho e presidente executivo da WD-40 Company. Tenho consciência de que sou incompetente em muitas coisas. Provavelmente estou errado e um pouco certo na maioria das coisas.'" É claro que a humildade é um requisito para criar uma empresa que não tenha medo de agir, de aprender e de evoluir.

Método 6: Dê *feedback* construtivo

Esse é um adágio que todos adotam, mas poucos líderes praticam. Dar *feedback* construtivo se baseia no processo de conversas individuais sobre desempenho e desenvolvimento, mas é tão importante que merece um método próprio na redução da ansiedade. Os líderes mais eficazes que conhecemos não têm medo de dar orientações justas e duras. Ainda assim, de acordo com a revista *Forbes*, nove em cada dez gestores dizem que evitam dar *feedback* construtivo aos funcionários por medo de que reajam mal.[15] É engraçado que a pesquisa também mostra que cerca de 65% dos trabalhadores de hoje se sentem prejudicados quando se trata de receber *feedback* individualizado.[16]

Para dar *feedback* construtivo, afastamos os líderes da abordagem "sanduíche" geralmente recomendada: um ponto negativo entre dois positivos. Nesses casos, as sugestões construtivas são sufocadas sob um travesseiro cheio de elogios ou os funcionários se concentram só nos pontos negativos. Não. O melhor *feedback* construtivo inclui ideias específicas de aprimoramento em vez de generalidades e elogios significativos na medida certa.

Um dos nossos clientes de treinamento admitiu que nunca foi bom em dar *feedback*, mas que se dispunha a tentar de novo. Uma das primeiras tentativas foi com uma funcionária que perdera alguns prazos. Ele nos contou a conversa particular que teve com ela: "Notei algumas mudanças no modo como você está trabalhando e no seu resultado das últimas semanas. Sei que normalmente você é concentrada e motivada, e gostaria de saber se está com algum problema e se posso ajudar." Foi incrível, dissemos a ele. Ele foi direto à questão e a admitiu abertamente, sem rodeios, mas também lhe disse que o seu trabalho era valioso para a equipe. Também se ofereceu para trabalhar com ela para resolver o problema.

A funcionária admitiu alguns problemas pessoais fora do trabalho, e o gestor foi capaz de oferecer compreensão. Depois de escutar, ele lhe ofereceu algumas tardes de folga para resolver a dificuldade, e os dois trabalharam juntos para priorizar as tarefas dela nas semanas seguintes. Continuaram a se reunir semanalmente e, pouco depois, ela entregou um projeto antes do prazo. Nós o incentivamos a recompensar publicamente essa realização, e foi o que ele fez na reunião seguinte da equipe. Disse que ela ficou orgulhosa de contar ao pessoal como conseguira a vitória.

Quando perguntamos aos líderes por que não atendem à expectativa dos funcionários de dar *feedback* com clareza, é comum nos dizerem que, além de se sentirem pouco à vontade, isso leva muito tempo. "Ninguém quer ouvir o que faz de errado", dizem. Compreendemos. Tivemos um funcionário em nossos dias de trabalho corporativo que tentamos orientar para que colaborasse melhor com os colegas, mas o sujeito não acreditava que tivesse algum problema. Ele era amigo do presidente executivo, e pisávamos em ovos. Na sessão de treinamento seguinte, nós lhe demos informações específicas sobre o tipo de comportamento que esperávamos e citamos os fatos das vezes em que ele não cumprira as expectativas, com coisas reais ditas a seu respeito por colegas na empresa (com a permissão deles).

Ainda assim, o funcionário continuou cético. Por que os colegas não falaram diretamente com ele? Nas horas seguintes, depois de sair da reunião, ele confrontou cada pessoa que citamos. Todos se desmentiram, como prisioneiros torturados pela Inquisição. Concordaram que, sim, ele era um ótimo colaborador e, sim, devíamos ter interpretado mal o que tinham dito. O nosso funcionário voltou satisfeito à sua ilusão.

Reconhecemos que há um pequeno percentual da população humana que nunca aceitará treinamento ou orientação. Querem validação, não crescimento. Os líderes podem continuar tentando, com paciência, inserir essas pessoas no processo de treinamento, mas em algum ponto teremos que decidir se elas estão no papel certo. Nesse caso, nosso trabalhador que não cooperava foi finalmente "transferido" depois que as queixas dos membros da equipe ficaram barulhentas demais para serem ignoradas (e àquela altura tínhamos outro presidente executivo).

Mas, apesar dos intreináveis que há por aí, temos que persistir na ajuda para que o nosso pessoal se destaque e prospere. O *feedback*, tanto o positivo quanto o construtivo, é necessário para desenvolver robustez e resiliência nos membros da equipe. O *feedback* construtivo é fundamental porque esclarece expectativas, constrói a confiança de que todos podem melhorar e ajuda os membros da equipe a aprender com os erros (que todos cometemos) e se recuperar deles. Também vale notar que, com o tempo, essas conversas ficam menos desagradáveis. Quando são norma na equipe, as pessoas não levam a correção para um lado tão pessoal. Simplesmente faz parte do funcionamento do grupo, e é por isso que essas conversas pessoais deveriam ser positivas e genuinamente construtivas, não intensas nem esquisitas.

A junção dos métodos

Doria Camaraza é vice-presidente sênior e gerente-geral dos centros de serviço da American Express em Fort Lauderdale, nos Estados Unidos; Cidade do México, no México; e Buenos Aires, na Argentina. Ela comandou uma equipe muito grande de milhares de profissionais de atendimento telefônico durante mais de uma década de mudança e incerteza constantes. Uma das melhores líderes com que trabalhamos, Camaraza tenta ser transparente sobre as situações enfrentadas pelo setor volátil dos cartões de crédito e garante ao seu pessoal que informará assim que souber que algo pode mudar. Alguns valores formais que ela incentiva na equipe de liderança são: "Nós nos comunicamos de forma aberta, franca e sincera"; "Buscamos soluções e não culpa"; e "Tentamos envolver as pessoas nas decisões que as afetam".

Camaraza transmite as más notícias, mas também dá bastante esperança. Ela explica aos funcionários por que a empresa mantém a operação interna em vez de terceirizar com um *call center* externo. Ela lhes explica o que é necessário manter em termos de cumprimento de prazos, precisão e custo.

É comum os líderes evitarem discutir as verdades duras. Eles temem que a discussão desanime os trabalhadores ou os faça ir embora. Ainda assim, para os funcionários há algo extasiante em enfrentar os fatos. Essa inclusão ajuda as pessoas a se sentirem levadas ao círculo interno para buscar soluções para os desafios. A ambiguidade pode prolongar as más notícias inevitáveis, aumentar a falta de confiança, ou ambos.

Fomos muito afetados por uma conversa que tivemos com Ryan Westwood, presidente executivo da Simplus, empresa de administração empresarial, que falou do vínculo entre ansiedade e incerteza. "Hoje, há uma desconfiança inerente dos líderes", disse. Esse é um entendimento extraordinário, e gostaríamos que todo gestor soubesse que é verdadeiro. Ele continuou: "É preciso provar que você merece confiança. Quando a pandemia começou, a primeira coisa que fizemos foi reduzir o salário dos executivos, inclusive o meu. Comunicamos isso logo e transmitimos a mensagem de que estávamos dispostos a fazer sacrifícios."

Ainda assim, com três meses de crise, o presidente executivo e sua equipe perceberam que teriam de fazer alguns cortes difíceis. "Fizemos uma reunião com todo o pessoal, mais de quinhentos funcionários do mundo inteiro, e dissemos a todos que tínhamos tentado avançar sem demissões, mas que teríamos que demitir e que isso afetaria cerca de 3% do pessoal." Ele explicou por que os cortes eram necessários, mostrando os números, e delineou o plano para os que seriam afetados. "Foi espantoso quantas mensagens recebi depois dizendo 'Nunca sinto que vou ficar às cegas aqui' ou 'Sempre soube que você seria franco comigo'." No fim das contas, a redução real da força de trabalho foi de apenas 1%, porque a equipe se juntou e conseguiu minimizar o impacto.

A sinceridade, principalmente sobre temas delicados, é raríssima. Quando assessoramos organizações, vemos que muitos líderes não conseguem ajudar os funcionários a entender francamente se têm ou não um futuro sólido dentro da empresa ou em que nível as oportunidades podem deixar de existir. Em uma fábrica, por exemplo, o gerente de RH trabalhou durante vinte anos para receber os certificados e credenciamentos adequados para assumir o cargo quando o vice-presidente de RH se aposentasse. Quando o dia finalmente chegou e ele mandou sua inscrição para o grande cargo, recebeu uma linha de resposta por e-mail do presidente executivo, dizendo: "Não podemos apoiá-lo para este cargo." Não houve aviso. Nenhuma franqueza cara a cara. Apenas vinte anos de trabalho e essas cinco palavras que configurariam para sempre a ideia que ele, os colegas e a família teriam da empresa. Em contraste, nas entrevistas que realizamos nos *call centers* da American Express, ficamos espantados ao ver como cada membro da equipe de líderes de Camaraza se sentia encorajado a ser respeitosamente franco com os funcionários sobre as suas oportunidades de desenvolvimento e potencial na carreira, mesmo que eles decidissem sair por causa dessa clareza. Pedir a alguém que navegue às cegas rumo ao futuro nunca é uma boa ideia, seja para os membros da equipe, seja para a empresa.

Para obter o tipo de transparência que vimos nas melhores equipes, os trabalhadores precisam ter aberturas que lhes permitam comunicar-se com os níveis superiores — não só com o líder da equipe, mas com a diretoria — e saber que são ouvidos. Todos já vimos tentativas passageiras dos chefes de se conectar com os funcionários. "Oicomovaiahquebom" não dá a ninguém aquela gostosa sensação cordial. Sem a escuta real, os funcionários que talvez quisessem propor soluções para problemas enfrentados pela empresa serão desestimulados até a tentar.

Um líder eficaz nesse tipo de comunicação de baixo para cima foi James Rogers, na época presidente do conselho e presidente executivo da Duke Energy.[17] Rogers tinha fama de abordar tópicos difíceis e instituiu as "sessões de escuta", reuniões de três horas com grupos de até cem gerentes. Talvez você tenha visto esse tipo de reunião com resultados discutíveis. As de Rogers funcionavam, talvez porque ele começava pedindo a todos que lhe dessem uma nota anônima de A a F (ou, digamos, de 5 a 0) em aparelhos de votação eletrônica. O resultado surgia imediatamente em uma tela, para todos verem. Em geral as notas eram boas, mas menos da metade dos funcionários se dispunha a lhe dar um A.

Ele levava o *feedback* a sério e fazia esse exercício inicial toda vez que se reuniam. Então, fazia perguntas abertas sobre o que viam no dia a dia e o que ele poderia fazer para ajudar. De um jeito meio irônico, ele descobriu que "comunicação interna" era a área em que a maioria dos gerentes achava que ele poderia melhorar. Como Rogers descobriu, o *feedback* de baixo para cima envolve absorver críticas, mesmo quando diretas e pessoais — e quando quem as faz trabalha para você. Como ele demonstrou, em geral isso implica em usar as sugestões para melhorar o seu estilo de liderança. A única resposta apropriada ou necessária na ocasião é: "Obrigado pelo *feedback*."

Ryan Westwood faz essas sessões de *feedback* abertas e diz que elas podem abrir os olhos. "Certa vez, criamos um programa para dar incentivos em dinheiro aos funcionários com base na obtenção de novas certificações. A equipe de líderes ficou muito empolgada, e mostrei o plano a um grupo de funcionários. Eles disseram: 'Ryan, isso é um lixo. Nenhum de nós vai aderir a isso'. Fiquei chocado."

COMO A ANSIEDADE PREENCHE A LACUNA | 63

Westwood perguntou ao grupo o que fariam e, com os conselhos, voltou à equipe e reprojetou o programa. Ele disse: "Aqueles funcionários se tornaram campeões, porque agora o programa era *deles*. Foi um sucesso imenso, e o número de funcionários que obtiveram certificações quadruplicou."

Se a incerteza tem um aspecto positivo, é oferecer uma justificativa lógica para que todas as vozes sejam necessárias. Amy Edmondson, da Harvard Business School, nos disse: "Se, como líderes, tivéssemos um mapa perfeito ou uma bola de cristal, não *precisaríamos* ouvir o pessoal. A existência da incerteza é o que dá às pessoas permissão de falar, apesar das dúvidas. A incerteza praticamente exige a contribuição de todos. Portanto, na medida que você reconheça a incerteza à sua frente, ela pode ser sua amiga por criar segurança psicológica."

A comunicação é fundamental no processo, nos disse Camaraza. "Na nossa equipe, escutamos e explicamos. Há ocasiões em que podemos incorporar sugestões dos funcionários à nossa estratégia e outras em que não podemos. Há decisões tomadas acima de nós de que gostamos e outras com que não concordamos como uma equipe de líderes, mas sempre é preciso explicar o raciocínio e escutar o *feedback* com atenção real."

Desse modo, não importa o que esteja acontecendo, se é bom ou ruim; enfrentamos a incerteza juntos, como uma equipe.

RESUMO

- A incerteza pode provocar várias reações nas pessoas, geralmente com consequências negativas para o desempenho. Hoje, a incerteza mais comum dos funcionários é se o emprego vai durar ou não.
- A incerteza é exacerbada quando os gestores não se comunicam suficientemente sobre os desafios enfrentados pela empresa e como essas questões podem afetar o pessoal e as equipes.

- Boa parte da incerteza dos funcionários está ligada ao próprio desempenho e desenvolvimento, isto é, *Como estou indo?* e *Tenho futuro aqui?*. Com reuniões regulares com cada um para avaliar o desempenho e as oportunidades de crescimento, os líderes podem ajudar os membros da equipe a evitar mal-entendidos e aumentar o engajamento e a dedicação à empresa.
- Os líderes podem usar um conjunto de métodos para reduzir a incerteza: 1) tudo bem não ter todas as respostas; 2) reduzir o controle em tempos difíceis; 3) garantir que todos saibam exatamente o que se espera deles; 4) manter as pessoas concentradas no que pode ser controlado; 5) ter um viés de ação; e 6) dar *feedback* construtivo.

3

Como transformar menos em mais

TENHA CUIDADO COM A SOBRECARGA

Não se pode acalmar a tempestade, portanto pare de tentar. O que você pode fazer é acalmar-se. A tempestade passará.

— Timber Hawkeye

Para se tornar um Navy SEAL — um integrante da unidade especial de elite da marinha americana — é preciso passar pela chamada *Hell Week*, a semana do inferno. Na quarta semana de condicionamento básico, os recrutas treinam cinco dias e cinco noites sem parar, com um total de quatro horas de sono.

Brandon Webb passou pelo desafio.[1] Embora muitos suponham que a resistência física seja o segredo para estar entre os que se formam, um grupo que costuma ir de 10% a 15% da turma original, ele diz: "O que o treinamento SEAL realmente testa é a firmeza mental. Ele é projetado para forçar a pessoa mentalmente ao limite, várias e várias vezes, até que se enrijeça e seja capaz de aceitar qualquer tarefa com confiança, sejam quais forem as probabilidades — ou até que desmorone."

De acordo com a professora Rita McGrath, da Columbia Business School, autora de *Inflexão estratégica*, os pesquisadores encontraram dois arquétipos de comportamento nos que tentam ser aprovados no treinamento SEAL. Primeiro há os chamados *taskers*, que buscam terminar cada tarefa durante essa semana de tortura e depois descansam quando podem. O outro grupo é dos chamados *optimizers*, que imaginam todas as tarefas passadas durante o dia e calculam o tempo e o esforço que devem dedicar a cada uma.

Um grupo tem melhor resultado do que o outro. Se tivesse que adivinhar, quem você diria que abandona o curso com mais frequência: os *taskers* ou os *optimizers*?

McGrath nos disse: "As pessoas que abandonam são, na maioria, *optimizers*. Elas se concentram no macro e não descansam, porque estão sempre pensando na próxima coisa a fazer. O segredo do sucesso dos *taskers* é que eles pegam aquela coisa monolítica e a decompõem em partes menores. É tarefa, descanso. Tarefa, descanso."

Como diz o ditado, não dá para comer um elefante inteiro de uma vez; é preciso dividi-lo em partes fáceis de digerir. Essa tática de picotar também é usada por atletas. "A gente vê muitos ultramaratonistas e triatletas fazendo isso. Eles se concentram no próximo objetivo imediato, o próximo ponto no horizonte, e impedem que a mente passe para a corrida inteira", escreve Charles Chu em sua *newsletter*, *Open Circle*.

Uma questão para os líderes: muitos funcionários se sentem sobrecarregados, com um volume esmagador de trabalho a cumprir, e isso está causando um nível de estresse e ansiedade sem precedentes. A primeira tática que qualquer gestor pode experimentar é ajudar os membros da equipe a decompor o trabalho em partes mais adequadas. É claro que esse é apenas um dos vários métodos que ajudam a reduzir o peso mental da carga de trabalho. Neste capítulo, examinaremos essas táticas e como implementá-las da melhor maneira para reduzir o nível de ansiedade e aumentar a resiliência dos membros da equipe. Antes, é importante abordar algumas concepções equivocadas a respeito da sobrecarga.

Eles simplesmente não dão conta (e outros mitos comuns)

O mais comum dos mitos da sobrecarga: muitos gestores acreditam que seja um defeito individual e pensam: "Ah, ele simplesmente não dá conta." Vejamos que, só nos Estados Unidos, uma pesquisa de 2019 da empresa global de seleção de pessoal Robert Half mostrou que 91% dos funcionários se sentiam pelo menos um pouco esgotados naquele momento, estado definido como o de alguém mental e fisicamente exausto com o trabalho. Essa é uma indicação clara de que o problema é mais macro do que micro.[2]

Alguns gestores argumentam que a falta de resiliência esteja no centro do problema. Mas um grande número de trabalhadores muito resilientes sofrem de esgotamento. Vejamos o caso dos profissionais de saúde. Como relatou Adam Grant, da Wharton School, no *The New York Times*: "Mais da metade dos médicos e um terço dos enfermeiros se sentem regularmente esgotados", e isso foi antes da crise da Covid-19.[3] Como sua dedicação ao trabalho demonstrou admiravelmente durante a pandemia, batalhando durante longos dias em condições infernais, essas pessoas estão entre as mais resilientes do planeta. A dra. Adrienne Boissy, diretora de experiência da renomada clínica Cleveland, descreve isso com energia. "Tive três empregos na faculdade, fiz residência durante quatro anos, com mais dois de especialização. Fiz o mestrado em bioética e me tornei neurologista fixa do hospital. Nesse período, me mudei várias vezes, dei adeus a muitos relacionamentos e perdi eventos importantes da vida de meus amigos e familiares porque estava trabalhando." Ela resumiu: "A resiliência — a própria ideia de que você é capaz de se recuperar ou se recobrar das dificuldades — é *necessária* para se tornar médico clínico. O próprio caminho seleciona os indivíduos que conseguem vencer os obstáculos e tolerar os desafios produzidos."[4]

Boissy não entende por que tantas abordagens que as empresas adotam para ajudar as pessoas a lidarem com cargas de trabalho esmagadoras visam "consertar" a pessoa, como oferecer aulas de yoga e meditação ou dicas para dormir bem, se alimentar de forma saudável e se organizar. Embora sejam modos eficazes de reduzir o estresse e aliviar a ansiedade, eles ignoram o problema central: as empresas estão contratando menos gente para fazer o mesmo trabalho e elevando o estresse a níveis insalubres. Resultado: é impossível dar conta.

Concentrar-se só no indivíduo desvia a atenção das questões subjacentes a serem resolvidas com a quantidade de trabalho exigida, o modo como os funcionários são gerenciados e como se espera que façam o serviço, sem mencionar o fato claro de que é preciso haver um cálculo mais realista de quantas pessoas são realmente necessárias para cumprir as tarefas.

O estresse como ferramenta

Outra concepção errônea que ouvimos com frequência é que a sobrecarga é boa para a produtividade. A curto prazo, em situações de emergência, isso pode mesmo ser verdade. O corpo humano responde ao estresse liberando mais energia, e isso pode nos dar um surto de velocidade para reagir a ameaças imediatas. Contudo, as emergências se tornaram o padrão e provocam excesso de pressão sobre os trabalhadores. Pesquisas mostram que o estresse crônico provoca desgaste do organismo e aumenta o risco de desenvolver ansiedade, assim como doenças ligadas à idade, como câncer, diabetes e demência.

Vejamos a experiência de Quan, nosso cliente de treinamento de executivos e gerente intermediário de uma empresa de tecnologia. Na primeira sessão, ele lamentou sua situação: "Minha equipe cumpriu jornadas diárias de dezesseis horas para atualizar nosso sistema SAP. Consideramos uma fonte de orgulho fazer a atualização mais depressa do que todas as outras equipes." Mas surgiu um problema. Quando os líderes viram que a equipe de Quan cumprira o cronograma aceleradíssimo, esse se tornou o novo padrão. "Agora", disse ele, "a empresa espera que a próxima atualização aconteça em um prazo 10% menor, e isso é realmente impossível. Cometi um erro ao forçar tanto minha equipe na última atualização."

Em geral, os líderes não avaliam que exigir constantemente mais e mais trabalho em cada vez menos tempo provocará inevitavelmente frustração e desconfiança dos funcionários, aumentará a raiva e, finalmente, causará o esgotamento de incontáveis funcionários. Mas os gerentes de equipes costumam nos dizer que não têm tempo para ajudar seu pessoal com a sobrecarga porque eles mesmos estão sobrecarregados. "Eles só precisam aprender a aguentar" é um mantra comum que ouvimos. Mas os chefes que não avaliam o efeito da carga excessiva dos membros da equipe provavelmente vão piorar a situação e podem ficar cegos ao efeito corrosivo da sobrecarga no desempenho da equipe. Oferecer apenas paliativos, como os métodos de relaxamento, por mais que temporariamente sejam úteis, pode realmente deixar os funcionários mais ansiosos e irritados.

Nas empresas, o efeito da sobrecarga vem provocando um volume imenso de tempo de trabalho perdido, rotatividade e despesas com assistência médica. Os funcionários que se declaram esgotados têm probabilidade 63% maior de tirar licença de saúde e 2,6 vezes maior de abandonar o seu atual empregador, de acordo com uma pesquisa Gallup.[5] Enquanto isso, os problemas físicos e psicológicos dos funcionários esgotados geram gastos de até 190 bilhões de dólares por ano em assistência médica só nos Estados Unidos, de acordo com a Bain & Company.[6] Portanto, ajudar os funcionários a dar conta antes que se esgotem ou procurem outro emprego é um grande promotor de produtividade.

Escondido à vista de todos

Um último mal-entendido a mencionar é que alguns gestores nos dizem que seus funcionários não admitem que estão próximos do esgotamento. Os membros da equipe tentam encobrir a ansiedade crescente, e como é que o chefe vai saber se há um problema ligado à sobrecarga individual? Bom, essa é a síndrome do pato em ação. Mas é mais uma razão para os gestores serem proativos na abordagem do problema. Permitir que a sobrecarga se transforme em ansiedade e esgotamento terá efeitos negativos em cascata em todo o grupo de trabalho. O psicólogo Harry Levinson, de Harvard, listou os sintomas de esgotamento no trabalho: fadiga e autocrítica crônicas por aguentar as demandas; raiva dos que impõem os fardos; ceticismo, negatividade e irritabilidade; sensação de estar sitiado.[7] Nada disso é bom para o espírito de equipe. Um único funcionário se sentindo assim pode derrubar o moral do grupo inteiro apenas resmungando "vocês não vão acreditar no que querem que eu faça *agora*".

O triste é que, em muitíssimas empresas, exige-se um volume de trabalho irreal com prazos nada realistas. Os gerentes costumam nos dizer que não há muito que possam fazer; não são eles que estabelecem essas grandes metas. Ainda assim, descobrimos que muitas vezes é possível alinhar consideravelmente o trabalho atribuído a uma equipe com o que é realisticamente factível. Às vezes, isso acontece quando o gerente faz uma defesa convincente na negociação com os líderes superiores ou, se não der certo, insiste na contratação de mais pessoal ou de prestadores de serviço a curto prazo. Também acontece com a redução do excesso de burocracia.

Temos visto que essa é uma parte importante da sobrecarga dos trabalhadores da saúde. Se quiser ver um profissional de saúde praguejar, pergunte-lhe quantas horas desperdiça por ano registrando todos os detalhes possíveis na ficha médica eletrônica do paciente ou preenchendo formulários para renovar a licença de clinicar, para obter acesso às instalações hospitalares, para receitar medicamentos etc. Mesmo antes da crise da Covid-19, o risco de esgotamento nessa profissão era agudo. Descobrimos que, nas empresas de assistência médica, uma das melhores maneiras de ajudar o pessoal a controlar a exaustão é mudar a situação que a provoca e reduzir as exigências digitais.

Tipicamente, há coisas que todos os gerentes são capazes de fazer para reduzir a burocracia e que podem ser muito empoderadoras para a equipe; por exemplo, realizar, com a aprovação da empresa, eventos formais de *kaizen* para simplificar os processos da equipe ou atribuir a papelada necessária a alguém que goste de fazer isso (o que indica a necessidade de saber o que motiva os funcionários).

Embora o Serviço Número Um do líder seja fazer o possível para alinhar a carga de trabalho a uma expectativa realista de produtividade, avaliamos que, em muitos casos, simplesmente não é factível mudar de forma substancial a carga de trabalho. Se você acabou de pensar que isso simplesmente não vai dar certo na sua empresa, oferecemos a seguir um conjunto de métodos para ajudar o seu pessoal a lidar melhor com as expectativas da carga de trabalho.

Método 1: Crie mapas claros

Um modo de ajudar a reduzir a ansiedade dos funcionários com a sobrecarga é decidir metas claras que possam ser atingidas por todos na equipe. Em vez de ser uma distribuição de tarefas de cima para baixo, descobrimos que mais líderes estão fazendo isso de forma colaborativa, com *feedback* do pessoal.

É raro encontrarmos membros da equipe trabalhando com mapas bons e compreensíveis que possam ser consultados várias vezes e que deixem claro o que precisa ser feito em um prazo específico (semana/mês/ano). Mas, em uma entrevista, Mary Beth DeNooyer, diretora de recursos humanos da Keurig Dr Pepper, disse que seus vinte mil funcionários operam diariamente com arcabouços personalizados que oferecem clareza e ajudam a reduzir a ansiedade. Além de alvos e metas de trabalho individuais específicos nesses mapas, "eles incluem nossa Visão: o que tentamos atingir do ponto de vista macro", disse ela. "Também incluímos os Valores da Empresa, o modo como as equipes trabalham juntas, e as Competências, que são como o indivíduo obtém sucesso."

DeNooyer disse que os arcabouços são uma âncora que os funcionários podem consultar e que os ajuda a priorizar e evitar frustrações. "As pessoas os penduram nos quadros de avisos ou os usam como protetor de tela", acrescentou ela. "Quando o mundo parece estar em chamas, eles podem se recostar e dizer: 'bom, essa coisa nova se encaixa?' Se não se encaixar, provavelmente não precisarão trabalhar nela."

74 | A ANSIEDADE NO TRABALHO

Como um novo passo na criação de mapas, envolver o grupo inteiro no processo de desenvolver as metas da equipe é poderoso por algumas razões importantes. Primeiro, os membros da equipe são melhores do que os chefes para saber quanto tempo será necessário para cumprir tarefas específicas e que obstáculos podem encontrar no caminho; quando o gerente realmente escuta esse tipo de informação, ajuda a reduzir o estresse desnecessário mais adiante. Segundo, por trabalhar em grupo com transparência, todos podem entender e se alinhar com as maiores prioridades para a equipe como um todo. Terceiro, a pesquisa mostrou que dar às equipes uma sensação mais palpável de controle sobre as metas coletivas é uma bênção para o engajamento e para a produtividade. Sabemos disso há algum tempo. Por exemplo, em 1939 Kurt Lewin realizou um estudo que acreditamos ser o primeiro para identificar se as expectativas do grupo fortaleceriam as realizações na Harwood Pajama Factory, na Virgínia.[8] Várias equipes de trabalhadores da fábrica tiveram a oportunidade de estabelecer suas próprias metas, e os participantes se reuniam meia hora por semana para falar das dificuldades enfrentadas e discutir coletivamente se estavam prontos para aumentar a produtividade ou mantê-la no mesmo nível.

Nas reuniões semanais, ficou claro que os operários usavam métodos diferentes para cumprir as mesmas tarefas na linha de produção, o que levou ao aprimoramento e à padronização dos processos que aumentavam a produtividade. No fim de cada reunião, o grupo votava se aumentava a produção diária, em que nível e com que prazo. Em consequência, eles acabaram votando aumentos de produção de 75 para 87 unidades por hora em um período de cinco dias. Algumas semanas depois, concordaram que poderiam aumentar novamente a produção. Nos cinco meses seguintes, o grupo manteve o crescimento e conseguiu uma produção bem maior do que tudo o que já se vira. Lewin acreditava que essa forma democrática de tomada de decisões era o segredo do aumento da produtividade. Na verdade, grupos testados mais tarde, sem votação democrática e em que o gerente estabelecia as metas, não chegaram nem perto do mesmo aumento de produtividade.

Achamos que um processo colaborativo de estabelecimento de metas como esse também aumenta o espírito de equipe. Como escreve Adam Goodman, diretor do Centro de Liderança da Northwestern University, "trabalhar juntos rumo a alguma coisa com a qual se está comprometido forma laços fortes e promove a colaboração".[9] As discussões mútuas e abertas, como Lewin observou, entre os membros da equipe ajudam a criar uma noção de visão em comum; de acordo com a nossa pesquisa, é muito menos provável que os funcionários se esgotem quando podem ver facilmente a conexão entre o seu trabalho e a visão e a missão maiores da equipe ou da empresa, de modo a sentir que o seu trabalho é vital e que faz muita diferença.

Método 2: Equilibre as cargas

Como parte do processo do mapa colaborativo que acabamos de descrever, é essencial assegurar que a carga de trabalho seja bem equilibrada entre os membros da equipe para evitar que determinados membros fiquem sobrecarregados. Em muitas equipes que visitamos, encontramos um punhado de carregadores de piano trabalhando setenta horas por semana enquanto outros funcionários, despreocupados, voltam para casa todo dia às cinco.

Como o gestor pode assegurar que todos na equipe tenham a quantidade certa de trabalho?

DeNooyer, da Keurig Dr Pepper, acrescenta que monitora regularmente a carga de trabalho da equipe e tenta criar um ambiente no qual os membros se ajudem nos horários de pico para assegurar que ninguém fique sobrecarregado com demasiada frequência. "Faço pequenas reuniões semanais com a equipe e quando percebo que está ficando sobrecarregado demais digo: tudo bem, cadê a lista de tarefas? E quais você tem que fazer? Quais podem ser divididas com os outros? Quais podem esperar?" Com esse equilíbrio, ela é metódica ao estabelecer prioridades para a semana seguinte e transparente quanto às compensações que têm que ser feitas, os projetos que podem ser adiados e quem mais pode ter que se envolver.

Com isso, sabemos que alguns funcionários ansiosos são levados intrinsecamente a impressionar e a assumir cada vez mais tarefas, e que os gerentes tendem a recorrer demasiadamente a essas pessoas porque elas se dispõem a aceitar. São pessoas que acabam carregando pesos desproporcionais até não aguentarem. Mas é perigoso confundir horas trabalhadas com produtividade, pois isso pode criar mais ansiedade na equipe. Horas de trabalho e resultado não são a mesma coisa. Alguns funcionários conseguem produzir muitíssimo em um dia típico e ir embora às cinco da tarde, e não há nada errado nisso.

"É importante assegurar que os funcionários entendam que você não iguala horas trabalhadas à produtividade", diz Liane Davey, cofundadora da 3COze Inc.[10] Ela explica que a melhor maneira de fazer isso é elogiar abertamente o melhor desempenho, não importando as horas trabalhadas. "Se José conseguiu números ótimos na semana passada, mesmo que tenha saído às quatro e meia todo dia, é preciso reconhecê-lo em um fórum público. Caso as pessoas se queixem [do horário de trabalho dele] ou se você ouvir fofocas, contenha-as na mesma hora. Diga: 'Incentivo vocês a prestarem atenção ao que as pessoas estão realizando e como estão contribuindo, e não ao simples número de horas trabalhadas.'"

Relocar o trabalho e dispersar as tarefas entre os membros da equipe exige tempo e esforço, em geral várias horas da semana do gestor. Envolve pensar de forma crítica sobre quem está sobrecarregado, quem se motiva com o quê, quem precisa de uma oportunidade para se desenvolver e quais são as nossas prioridades do momento. Alcançar o equilíbrio nunca é fácil e nunca chegamos à perfeição. É inevitável que, em qualquer momento, algumas pessoas façam uma parte desproporcional do trabalho. O segredo é assegurar que ninguém fique sobrecarregado o tempo todo. Esse tipo de esforço por parte do gestor pode reduzir muito o nível de estresse de todos.

Kyle Arteaga, presidente executivo do The Bulleit Group, dá um exemplo do início da sua carreira, quando ele encabeçava uma equipe da Reuters. Ele gerenciava Janice, uma realizadora incrível. Surgiu uma missão interessante de alto nível e o impulso de Arteaga foi entregá-la a Janice. No entanto, antes ele teve uma conversa franca e pessoal com ela para descobrir o que estava fazendo no momento e se conseguiria pegar o novo projeto. "Também a incentivei a conversar com os clientes e membros da equipe para determinar se esse trabalho adicional se encaixaria no seu cronograma."

Janice conseguiu assumir o trabalho extra, mas Arteaga a ajudou a ser estratégica com outras tarefas que vieram depois para não forçá-la demais no caminho do esgotamento. "Às vezes, ela se punha de propósito no banco de reservas para aguardar uma oportunidade melhor mais adiante", disse ele. "Eu a ajudei a avaliar as oportunidades."

Esse processo fica mais fácil quando os membros da equipe participam do equilíbrio como parte de um esforço conjunto. Evidentemente, pode ser complicado. Se perguntar a um grupo aleatório de funcionários, a maioria lhe dirá que já está carregando seu peso e mais um pouco. Tipicamente, os que concordarão em aceitar mais trabalho são as Janices, os que já carregam mais do que o seu quinhão. Também é verdade que poucos funcionários vão querer criar problemas para os colegas passando serviço a eles.

Entretanto, descobrimos que as equipes podem trabalhar juntas com muita eficácia quanto todos se engajam em discussões regulares para equilibrar a carga. Nas reuniões, os gestores em geral deveriam assumir o papel de facilitadores (guiar a discussão e assegurar que todos estejam envolvidos) ou escolher para esse papel alguém capaz de conduzir a reunião com eficácia. No mínimo, o líder da equipe deveria ter todos os fatos e números possíveis à mão para arbitrar e tornar mais justa a carga de trabalho (por exemplo, *Todd assumiu os dois últimos projetos, vamos dar a vez a outra pessoa* ou *Sarah, você terminou o projeto de TI, tem espaço agora?*). Outro membro fundamental da reunião é o Acompanhador de Promessas, que faz a lista de quem concorda com o quê e os prazos.

78 | A ANSIEDADE NO TRABALHO

Encontramos um bom exemplo de equilíbrio da carga da equipe quando trabalhamos com uma empresa de biotecnologia. O líder de uma equipe de controle de qualidade convocou uma reunião dessas em uma crise da fábrica. Tinham encontrado um contaminante em um dos produtos estéreis. Na reunião, um diretor mencionou que poderiam adiar até trinta dias os relatórios de desvio da norma e ainda atender às exigências da Food and Drug Administration, a agência federal do departamento de saúde e serviços humanos dos Estados Unidos, responsável pelo controle de alimentos e medicamentos. Os relatórios documentam as exceções encontradas nos procedimentos operacionais normais, e em geral a equipe se orgulhava de terminá-los em poucos dias. Tomada a decisão, a equipe foi capaz de, nas semanas seguintes, priorizar o esforço para encontrar o ponto de contaminação.

A equipe de controle de qualidade superou a crise e, a partir daí, achou útil continuar se reunindo toda semana para equilibrar a carga de trabalho, o que resultou na simplificação de vários processos importantes. Eles descobriam que trabalhos que faziam havia anos poderiam ser eliminados completamente com segurança; por exemplo, um tipo de relatório de lote não era mais exigido pelos reguladores, e a auditoria interna realizada mensalmente poderia ser feita trimestralmente. Se continuassem trabalhando individualmente, seria bem provável que os membros da equipe nunca encontrassem essas soluções. A tensão aumentaria e as metas talvez não fossem cumpridas. Em vez disso, as condições de trabalho melhoraram para todos.

Método 3: Rotacione as pessoas

Se for possível, dada a natureza da empresa, os líderes deveriam pensar em transferir as pessoas de cargos com muito estresse e grande carga de trabalho para outros menos estressantes, em um esquema de rodízio, para evitar a sobrecarga de ansiedade. "As mudanças de ritmo e demanda e a passagem para situações que talvez não sejam tão esgotantes permitem que as pessoas recuperem a energia e tenham um ponto de vista novo e mais preciso sobre si e sobre seu papel", aconselhou Harry Levinson, de Harvard. A mudança também ajuda as pessoas a esperarem com expectativa o período em que possam se livrar de tarefas difíceis.[11]

Um estudo feito com enfermeiros nos Estados Unidos constatou que a rotação no emprego ajudou a reduzir o esgotamento.[12] Também inspirou os membros da equipe a terem melhor desempenho e lhes permitiu obter habilidades e conhecimentos novos. O melhor para os hospitais foi que a qualidade do tratamento dispensado aos pacientes aumentou.

Um praticante do rodízio no emprego é Matthew Ross, um dos donos de The Slumber Yard, empresa online de resenha de colchões.[13] Sua meta ao transferir as pessoas de uma função a outra é aumentar a satisfação do funcionário, reduzir a rotatividade e fazer os membros da equipe ganharem habilidades novas e valiosas. Os funcionários se transferem para outras funções secundárias até trimestralmente, e ele acha que treinar os funcionários para serem competentes em várias disciplinas ajuda a reduzir o estresse quando um deles tem que cobrir o colega que faltou ou quando algum funcionário vai embora.

Feito de forma ponderada e com treinamento adequado, o rodízio no emprego também pode ser uma oportunidade para ajudar as pessoas a saírem da zona de conforto e trabalhar em áreas que normalmente não trabalhariam. Também é uma oportunidade de pensar na motivação central da pessoa e encontrar um serviço que lhe dê um grau maior de satisfação.

Fizemos um exercício de rodízio na nossa equipe e acabamos trocando os deveres contábeis que Adrian vinha cumprindo como um dos donos. A função foi assumida alegremente por uma integrante da equipe que adorava a logística detalhista. Em pouco tempo, ela se tornou muito melhor do que Adrian na função. Também gostou do papel, que lhe deu a oportunidade de aprender, crescer e exercitar os seus músculos analíticos.

Método 4: Acompanhe de perto o progresso

Um próximo passo importante para aumentar a resiliência é conferir frequentemente como a equipe está segurando as pontas, como grupo e individualmente. A abordagem gerencial do *laissez faire* raramente funciona — confiar na revisão de desempenho anual como única verificação, por exemplo —, mas também não adianta microgerenciar as pessoas e deixá-las se sentindo como se fossem vigiadas pelo "Big Brother" (do tipo orwelliano, não o *reality show*). O ponto perfeito fica no meio e, quando feito corretamente, os funcionários gostam bastante.

Em vez de achar que as verificações são como brandir uma vara, veja-as como um modo de permitir que os membros da equipe dividam as dificuldades que aparecem de forma oportuna para que trabalhem juntos e encontrem soluções. Como Jamie Dimon, presidente executivo do JPMorgan Chase, diz à equipe: "Se houver um problema e vocês me contarem, o problema é *nosso*. Se houver um problema e vocês não me contarem, o problema é *seu*."[14] Vale repetir que, às vezes, o funcionário só precisa de uma escuta empática para se apoiar quando tiver um problema; outras vezes, precisará de conselhos e de intervenção.

Outra executiva muito bem-sucedida deu conselhos semelhantes sobre dividir desafios com a equipe. Shelly Lazarus, presidente emérita do conselho da Ogilvy & Mather, já nos explicou que os líderes deveriam dizer aos membros da equipe: "Se não conseguirem cumprir uma meta, por favor, me avisem antes, não depois."[15] Ela refletiu que, em muitíssimas empresas, "fazemos reuniões mensais em que as pessoas não confessam nem admitem que não vão atingir a meta. A razão disso é que acham que serão punidas. Em vez de puni-las nesse momento, você deveria elogiá-las na frente dos outros e lhes agradecer pela franqueza e por nos dar tempo de fazer os ajustes necessários até o fim do ano". Recompensar os que pedem ajuda é fundamental, concluiu ela. "Que todos saibam que esse comportamento é excelente."

As verificações podem ser feitas em reuniões regulares do pessoal ou em reuniões especiais de atualização. A meta é assegurar que, com o tempo, todos os membros da equipe entrem na mesma sintonia, com perguntas como: que obstáculos novos estamos enfrentando para cumprir a meta da equipe, o que não seremos capazes de entregar a tempo se a situação continuar como está, o que os clientes estão nos dizendo, quem na equipe está com tempo e quem precisa de ajuda?

Quanto às verificações individuais, a ansiedade é aliviada quando os líderes fazem perguntas regulares e privadas aos funcionários sobre a carga de trabalho. Vamos ser claros: algumas pessoas nunca se sentirão à vontade falando que se sentem sobrecarregadas em um ambiente de equipe. É bom ter consciência de que, em geral, os recém-contratados e os trabalhadores mais jovens são mais reticentes ao pedir ajuda, por várias razões. Têm medo de ser um fardo. Querem parecer capazes. Muitos estão acostumados a fazer todo o seu trabalho sozinhos (como durante a faculdade). A falta de familiaridade com muitos aspectos dos procedimentos empresariais pode ser assustadora ou frustrante.

É importante dizer ao pessoal que você considera o pedido de ajuda como um sinal de força, não de fraqueza. Também diga a cada funcionário que você está perguntando a todos os membros da equipe como estão lidando com a carga de trabalho em reuniões individuais, para que não se sintam isolados dos outros. Ao perguntar, é bom ter certeza de transmitir que você faz isso para resolver os problemas que puder. Depois, é importante fazer exatamente isso.

Para reduzir a ansiedade, aprendemos algumas perguntas boas para essas verificações individuais:

- Acha que consegue terminar o projeto no prazo sem ter que trabalhar muitas horas extras?
- Há mais alguém na equipe que possa ajudar para que você cumpra o prazo?
- Alguma parte desse projeto poderia ser adiada?
- Você precisa de recursos ou treinamento adicional para ter sucesso?

82 | A ANSIEDADE NO TRABALHO

+ O que você aprendeu que podemos fazer de um jeito diferente na próxima vez que tivermos uma tarefa como essa?

É claro que é possível parar as máquinas a qualquer momento, caso uma conversa pessoal de emergência seja necessária. É por isso que os melhores líderes que conhecemos mantêm a política de portas abertas o máximo possível e garantem que os membros da equipe saibam que realmente não há problema nenhum em entrar para conversar sobre as dificuldades ou fazer perguntas. Naturalmente, há vezes em que os líderes têm que restringir o acesso, mas em nossas pesquisas é muito comum ouvirmos os funcionários se queixarem de algo como "meu chefe entra às nove e sai às seis, mas não tenho a mínima ideia do que ele faz o dia todo. Não o vejo, e ele nunca está por perto quando preciso de ajuda". A porta aberta significa limitar ao máximo as reuniões e anunciar à equipe as horas do dia que são "horário de trabalho". Não se esqueça de que, segundo um relatório Gallup, os funcionários cujo gestor se dispõe a escutar seus problemas ligados ao trabalho têm 62% menos probabilidade de ficarem esgotados.[16]

Método 5: Ajude as pessoas a priorizar

Constatamos que, com demasiada frequência, os funcionários têm que descobrir totalmente por conta própria como priorizar o seu trabalho, e isso pode acelerar a ansiedade. Até uma discussão rápida com o chefe ou os colegas seria de grande ajuda.

A princípio, esse pode ser um costume diário entre o gerente e o novo funcionário, não para ser supercontrolador, mas para oferecer ajuda e orientação enquanto ele ou ela se instala. Os gerentes podem perguntar toda manhã: *O que tem para fazer hoje? Certo, então vamos organizar essas tarefas por nível de prioridade para a equipe.* Recomendamos usar critérios claros para classificar o trabalho a ser feito, como Fundamental, Importante, Moderado e Baixo, e depois ligar cada projeto a uma necessidade da empresa. Então, gerente e funcionário podem discutir o que pode esperar até o dia seguinte. Dessa maneira, os menos experientes aprendem a morder um pedaço do elefante por dia e se sentem bem com suas realizações.

Conforme os funcionários ficam mais experientes, o chefe pode passar esse tipo de planejamento de priorização para um processo semanal e até mensal. Os softwares de gestão de projetos também ajudam a garantir que metas e prazos estejam à vista de todos.

A dra. Rita McGrath, da Columbia Business School, fez uma metáfora da priorização: "O seu dia é um caminhão lotado, e cada hora é uma caixa no caminhão. Quando alguém lhe delega uma tarefa, você tem que deixar claro que uma caixa terá que sair do caminhão para a nova entrar. Há consequências. Quando há sobrecarga, não somos muito bons em articular uns aos outros quais são as nossas prioridades e em que estamos trabalhando."

Isso pode, principalmente, intensificar aos poucos a ansiedade das pessoas com baixo nível de poder, das minorias sub-representadas e dos trabalhadores mais jovens. "É quase desleal dizer que estou muito sobrecarregado e que isso vai me forçar até o limite", disse a dra. McGrath. "É importante que os gerentes facilitem esse tipo de diálogo. E que os líderes se lembrem de que, quanto mais graduados forem, mais as suas sugestões serão ordens."

McGrath se lembra de quando fazia o doutorado em Wharton. Ela administrava um centro de pesquisa, gerenciava alunos da graduação e tinha os próprios estudos, além de viajar uma hora ida e volta todo dia e criar dois filhos com menos de quatro anos. "Certo dia, ao chegar, o diretor de nosso centro me apresentou a um estudioso de Cingapura que estava de visita. Queria que eu o escoltasse pela escola o dia todo. Pedi uma conversinha na sala ao lado e lhe disse que, se achava que era o melhor uso do meu tempo, eu obedeceria; mas lhe expliquei todas as coisas que não seriam feitas naquele dia. Ele arregalou os olhos e admitiu que não fazia ideia."

84 | A ANSIEDADE NO TRABALHO

McGrath teve coragem de falar com o diretor de seu departamento e ter um diálogo franco sobre prioridades porque havia confiança na relação.

Método 6: Evite distrações

Em uma série de experimentos realizados pelos PhDs Joshua Rubinstein, pesquisador da Federal Aviation Administration, Jeffrey Evans e David Meyer, da Universidade de Michigan, foi pedido aos participantes que se revezassem em diversas tarefas, como resolver problemas matemáticos.[17] Não surpreende que os participantes perdessem tempo quando tinham de se deslocar de um lado para outro entre as tarefas. Conforme elas ficavam mais complexas, os participantes perdiam cada vez mais tempo tentando recuperar a velocidade. Em consequência, os que tentaram a multitarefa foram bem mais lentos para cumprir o conjunto geral de tarefas do que os grupos de controle que terminaram uma tarefa e depois foram para a seguinte. A pesquisa, publicada na revista *Journal of Experimental Psychology*, constatou que a produtividade caía até 40% quando os participantes trocavam de tarefa o tempo todo.

Um estudo da Universidade de Londres mostra que os trabalhadores que se distraem com telefonemas e e-mails recebidos perdem, em média, dez pontos em testes de QI.[18] Ainda assim, mais da metade das 1.100 pessoas entrevistadas disse responder aos e-mails imediatamente ou assim que possível, e 21% admitiram que interromperia uma reunião presencial para responder a uma mensagem de texto ou outro contato eletrônico. O dr. Glenn Wilson, líder da pesquisa, disse que essa infomania descontrolada reduz a atenção mental dos trabalhadores. "Os que interrompem constantemente as tarefas para reagir a e-mails e mensagens sofrem na mente um efeito semelhante a perder uma noite de sono", disse ele.

Uma das características que notamos em pessoas de alto desempenho é a capacidade notável de reduzir as distrações e se concentrar calmamente em uma coisa de cada vez. Na biografia *Abraham Lincoln*, Carl Sandburg contou uma história de Lincoln quando jovem.[19] Um observador notou o futuro presidente americano sentado em um tronco, perdido em pensamentos, lutando com um problema incômodo. Horas depois, Lincoln estava na mesma posição. Finalmente, um sorriso surgiu em seu rosto e ele voltou ao escritório de advocacia. Lincoln tinha a capacidade de pensar em um problema tempo suficiente até seus segredos se revelarem. Hoje, descobrimos que incentivar até alguns minutos de solidão — dar um passeio ou ouvir música — permite que os funcionários resolvam melhor os desafios e façam o trabalho com mais calma e eficiência.

Encontramos um exemplo incrível de gestor que ajuda a reduzir as distrações em Kim Cochran, gerente regional de vendas do Fluke Industrial Group, fabricante de software e ferramentas eletrônicas de teste.[20] Cochran é líder de vendas de uma região com nove estados americanos e, quando foi trabalhar na companhia, a empresa estava perdendo muitos vendedores técnicos valiosos. Três anos depois, quando a entrevistamos, Cochran não tinha perdido nenhum.

Ela diz que boa parte desse sucesso resultou de eliminar as distrações para que os membros da equipe pudessem se concentrar no que gostam de fazer — vender e atender aos clientes. Todo o pessoal faz trabalho remoto e se desloca todo dia, e a meta era ajudar os funcionários a se sentirem incluídos e escutados, mas nunca sobrecarregados de informações. Desse modo, ela classifica todos os e-mails que vêm da empresa em uma escala da menos à mais urgente:

- No nível mais baixo estão as coisas que ela mesma pode resolver nos seus relatórios diretos sem incomodar ninguém. *Pronto, feito.*
- O nível seguinte envolve informações classificadas como Importantes que exigem a atenção dos funcionários, mas não influenciam o esforço de vendas: data de entrega dos formulários de benefícios, prazo para previsões de vendas etc. Ela reduz as

86 | A ANSIEDADE NO TRABALHO

mensagens à informação básica e as envia em um e-mail curto (com link para mais informações, se desejarem). O seu pessoal sabe que ela tenta filtrar as informações, portanto um e-mail de Cochran sempre será importante.

- No degrau seguinte estão informações que ela classifica como Tópicos Quentes, itens aos quais o seu pessoal precisa dar bastante atenção. Podem ser mudanças do processo de trabalho, estrutura organizacional, plano de pagamentos, preços etc. Durante a semana, ela compila essas mudanças em uma pauta aberta e fala delas uma de cada vez em uma teleconferência semanal com a equipe inteira, em que responde às perguntas e promete levar os problemas à diretoria.

- O degrau mais alto da escada são informações classificadas como Urgentes — aquelas emergências que não podem esperar sequer um dia. Nesse caso, Cochran marca uma ligação em grupo no fim do dia, quando a maior parte do pessoal está disponível. Mas faz isso com parcimônia e só para emergências de verdade.

É claro que a estratégia de Cochran não é a única maneira de reduzir as interrupções. Alguns gestores com quem trabalhamos desenvolveram sistemas de etiquetas para gerenciar o fluxo de trabalho; outros incentivam os membros da equipe a revisar com clareza o trabalho que já está em andamento com os clientes quando lhes solicitarem novas tarefas, para ajudar a criar expectativas realistas e evitar a sobrecarga.

Método 7: Incentive o repouso e a recuperação

Pesquisadores importantes insistiram na importância do repouso de qualidade para os trabalhadores. "As pessoas precisam de tempo para se recarregar. Além de precisarem desse tempo em que não estão trabalhando, elas precisam de tempo em que não ficam *pensando* no trabalho", diz o dr. David Ballard, chefe do Psychologically Healthy

Workplace Program (programa do lugar de trabalho psicologicamente saudável) da American Psychological Association.

Ryan Westwood, presidente executivo da Simplus, nos disse que os líderes deveriam ser mais cuidadosos quando enviam mensagens aos membros da equipe. "Certa vez, recebi um e-mail de meu chefe em uma manhã de domingo. Esse é um dia em que gosto de ficar com a minha família, relaxar e fazer coisas não relacionadas ao trabalho. Aquilo arruinou meu dia; me gerou ansiedade. A maioria dos funcionários se preocupa com o que o chefe se preocupa, e isso vai ficar na cabeça, mesmo que não precisem responder. É muito mais fácil programar o e-mail para ser enviado às oito horas da manhã de segunda-feira. Precisamos dar ao pessoal tempo para fazer coisas não ligadas ao trabalho para que estejam prontos para começar a semana."

Os gestores também deveriam incentivar o pessoal a tirar férias e dar o exemplo reservando tempo para relaxar — e depois contando histórias sobre o que fizerem longe do escritório. Eles também podem perceber que parte do repouso e da recuperação pode acontecer no horário de trabalho. Mais de 70% dos funcionários relatam aumento de produtividade quando fazem pausas breves durante o dia para se exercitar, socializar ou só tomar ar fresco.

Neste mundo sempre ligado e com muitos agora morando no escritório, é importante que os gestores ajudem o seu pessoal a descansar e a se afastar o máximo possível.

Quando a intensidade da pandemia de Covid-19 ficou clara em 2020, um mantra positivo foi compartilhado pelo mundo: "Estamos nisso juntos!" Para ajudar os funcionários a darem conta da sobrecarga, vale a pena repetir regularmente essa mensagem. Quando der os passos que delineamos neste capítulo, é possível garantir que o seu pessoal saiba que, quando disser "Estamos nisso juntos", você fala sério; por sua vez, eles se ajudarão a carregar o piano.

A ANSIEDADE NO TRABALHO

Vimos equipes trabalhando juntas dessa maneira; além de mais produtivas, elas são os grupos de trabalho que para os gestores, em termos pessoais, são os mais gratificantes de liderar.

RESUMO

- Em geral, os líderes não avaliam que exigir constantemente mais trabalho em cada vez menos tempo levará à frustração e à desconfiança dos funcionários, aumentará a raiva e, finalmente, causará ansiedade e esgotamento.
- Os gestores podem acreditar que o defeito é individual quando o funcionário fica sobrecarregado, mas, mesmo assim, mais de 90% dos funcionários se sentem esgotados pelo menos parte do tempo. Frequentemente, o problema é organizacional.
- A maior parte das abordagens adotadas pelas empresas para ajudar as pessoas a lidar com cargas de trabalho esmagadoras visa consertar a pessoa em vez de se concentrar em questões subjacentes, como a quantidade de trabalho atribuída a cada um e o modo como os funcionários são gerenciados.
- Quando os funcionários sentem ansiedade pela sobrecarga, os gerentes podem ajudá-los a dividir o trabalho em blocos adequados.
- Outros métodos para ajudar os membros da equipe a lidar melhor com a expectativa da carga de trabalho e a reduzir o nível de ansiedade são: 1) criar mapas claros; 2) equilibrar as cargas; 3) rotacionar as pessoas; 4) acompanhar de perto o progresso; 5) ajudar as pessoas a priorizar; 6) evitar distrações; e 7) incentivar o repouso e a recuperação.

4

Limpe os caminhos

AJUDE OS MEMBROS DA EQUIPE
A MAPEAR SEU CAMINHO PROFISSIONAL

Liderança é tornar os outros melhores em consequência da sua presença e garantir que o impacto dure na sua ausência.

— Sheryl Sandberg, diretora de operações do Facebook

Diversos estudos foram feitos sobre um domínio da vida online e o seu vínculo com a ansiedade: as redes sociais. As pesquisas destacam que, como espiam o tempo todo o que os outros fazem online, é comum as pessoas passarem a se sentir inquietas com a própria vida: será que também estão fazendo tantas coisas divertidas, viajando para tantos lugares legais e ganhando tanto? Poucas coisas criam mais infelicidade em seres humanos do que se comparar com os outros.

Quando se trata do trabalho, vemos preocupações semelhantes de FOMO — *fear of missing out*, ou medo de ficar de fora. Os trabalhadores, principalmente os mais jovens, têm medo de, presos em um emprego, perder algo mais interessante, mais seguro ou mais lucrativo. Acreditamos que o efeito da geração criada como "nativa digital" explica até certo ponto um problema que ouvimos dos gestores: os funcionários jovens são mais ansiosos com o emprego.

No mundo online, a fórmula do sucesso está comprovada. Você publica, ganha *likes*, ganha seguidores e faz tudo de novo. E é uma fórmula que funciona depressa. Em contraste, os jovens geralmente acham o mundo corporativo lentíssimo e frustrante. Estão ansiosos para receber promoções, assumir mais responsabilidade e ter aumento de salário, mas não querem fazer por onde, como vários chefes nos dizem.

Tipicamente, os trabalhadores mais jovens *são* mais impacientes para crescer ou mudar de emprego. A pesquisa mostra isso. Enquanto 40% da geração do pós-guerra ficava pelo menos vinte anos no mesmo emprego e um em cada cinco ficava trinta anos ou mais,[1] relativamente satisfeito em subir pela escada corporativa no devido tempo da empresa, 78% dos indivíduos da geração Z e 43% da geração Y entrevistados em 2018 planejavam sair da empresa dentro de dois anos para procurar pastos mais verdes.[2] Mas os líderes devem entender que essa rotatividade não se deve apenas ao medo de perder alguma coisa ou ao desejo de ser promovido; tem a ver também com a estagnação salarial. As vagas para iniciantes, principalmente em áreas urbanas, não pagam salários que permitam aos jovens construir a sua vida. De acordo com dados da Brookings Institution, 44% de todos os trabalhadores se classificavam como "baixo salário" em 2019.[3] O salário médio era de 10,22 dólares por hora, com rendimento anual de cerca de dezoito mil dólares.

Em resumo, como aponta a pesquisa da Brookings, "não há bons empregos o bastante para todos", e os jovens sabem muito bem disso.

O fato é que a maioria se mede pelos marcos da vida: terminar o ensino médio, entrar na faculdade/no estágio, arranjar um emprego decente, se casar, comprar a casa própria, ter filhos e assim por diante. A sociedade tende a pensar nesses marcos como eventos que "assentam" as pessoas. Mas o acesso a eles mudou nas gerações mais recentes. A média de idade para chegar à casa própria nos Estados Unidos agora está bem acima dos trinta anos. Acrescentemos o alto crédito estudantil, o salário mais baixo e menos oportunidades com bom nível salarial e muitas coisas que a sociedade considera parte da "vida adulta normal" parecem muito distantes, para não dizer inatingíveis. Em vez da crise da meia-idade, estamos agora vendo a chamada "crise de um quarto da idade", em que pessoas com menos de trinta anos sentem grave inquietação quanto à qualidade e à direção da sua vida.

Uma jovem trabalhadora falou pela sua geração quando nos disse: "Não achamos mais que as empresas pensem nos nossos interesses. Entendemos que quem manda é o retorno dos acionistas e que podemos ser substituídos por mão de obra mais barata." É por isso que, de acordo com um estudo de 2018 do ManpowerGroup, 87% da geração Y deu prioridade à segurança no emprego (que mais do que provável ficará ainda mais importante no mundo pós-pandemia).[4]

Tudo isso também ajuda a explicar por que tantos jovens trabalhadores se preocupam em obter novas habilidades no emprego. Uma pesquisa da geração Y feita pelo Gallup constatou que 87% "valoriza muito" as oportunidades de crescimento e desenvolvimento — quase 20% mais do que os trabalhadores da geração X e do pós-guerra.[5] Infelizmente, a mesma pesquisa verificou que apenas 39% dos jovens funcionários sentem que "aprenderam algo novo no trabalho no mês passado". Ajudar as pessoas a desenvolver novas habilidades pode ser uma oportunidade incrível para os gestores esclarecidos manterem e engajarem a sua força de trabalho. Uma pesquisa da Deloitte constatou que as organizações eficazes em nutrir o desejo de aprender do pessoal têm probabilidade pelo menos 30% maior de serem líderes de mercado no seu setor.[6]

Embora o fenômeno da ansiedade pela carreira pareça uma imensa mudança social sobre a qual os gestores não teriam muito controle, na verdade há muito que eles podem fazer. Concordamos com J. Maureen Henderson, da *Forbes*, que alerta os líderes para não se resignarem simplesmente com a "alta rotatividade e baixa permanência das equipes" da geração Y "em vez de [se concentrar em] manter os funcionários existentes".[7] Na verdade, vimos que, quando os líderes oferecem aos trabalhadores mais jovens oportunidades regulares de aprender e avançar — e de dar um jeito de assegurar o seu futuro dentro da empresa —, muitos desses funcionários valiosos preferem ficar.

Se os líderes quiserem manter os melhores trabalhadores jovens, e reduzir a ansiedade desnecessária do seu pessoal pela carreira, é fundamental que abordem as preocupações com segurança no emprego,

94 | A ANSIEDADE NO TRABALHO

avanço e crescimento. Esse é um jeito incrível de líderes e empresas se destacarem em um mercado de trabalho competitivo. De acordo com uma pesquisa do Corporate Executive Board, só uma em dez empresas tem a chamada cultura da aprendizagem: um local de trabalho que apoie a busca organizacional e independente de conhecimento para promover a missão da empresa (sem falar em tornar os trabalhadores mais hábeis e agregar mais valor).[8]

Entendemos que, para um gestor ocupado — e há outro tipo? —, a noção de pastorear de perto o desenvolvimento da carreira de cada um parece trabalhosa demais. Mas não é preciso que seja assim. Seguir os métodos que esboçamos aqui, além de atacar a ansiedade dos funcionários pelo próprio destino, também aliviará a tensão que você sente com as exigências e preocupações deles.

Método 1: Crie mais passos para o crescimento

Mais de 75% dos trabalhadores da geração Z acreditam que deveriam ser promovidos no seu primeiro ano no emprego.[9] Se a implementação for possível, um meio extremamente eficaz de aliviar a ansiedade dos funcionários pelo avanço é criar mais degraus na escada promocional. Isso foi feito com ótimo resultado no site de busca de empregos Ladders, cujo nome ("escada") é muito adequado. Marc Cenedella, fundador e presidente executivo da empresa, diz que, quando chegaram à empresa, seus jovens trabalhadores especializados em tecnologia "só falavam de promoção, salário e responsabilidade. Exigiam trabalho extremamente desalinhado com a sua capacidade e experiência".[10]

Na época, a Ladders tinha um programa que permitia a promoção de um recém-contratado a analista sênior em dois anos. "Pelo nosso modo de pensar da geração X, isso era muito mais justo do que o que os *baby boomers* nos fizeram passar", disse ele. Mas os trabalhadores jovens que chegavam consideravam aquele prazo um lento passar dos anos sem nada para exibir no currículo.

Cenedella admite que, no começo, tentou forçar os colegas mais jovens a ver as coisas do seu jeito. Afinal, contudo, ele percebeu que o resultado seria melhor se adaptasse o próprio ponto de vista. Ele revisou o programa para oferecer seis promoções em dois anos — com metas de desempenho, mudança do nome do cargo e aumentos salariais a cada passo. "Mantivemos o mesmo padrão de desempenho, o mesmo salário final e o mesmo avanço rumo à especialização com o tempo", diz ele. "Descobrimos que o *feedback* mais frequente na carreira, com mais chances de avançar e algum autodirecionamento, era na verdade uma ferramenta muito eficaz para melhorar o moral e contribuir para o sucesso da nossa empresa."

Infelizmente, oferecer uma sensação tranquilizadora de realização como essa parece um paparico ilusório para alguns gestores com quem discutimos o processo (ironicamente, muitos eram as mesmas pessoas que ajudaram a criar a nova geração). Assim, contamos o resultado obtido pela Ladders. Cenedella disse que os novos contratados têm trabalhado mais para alcançar cada novo nível e levam muito a sério cada promoção. Quando, depois de apenas quatro meses, passam de analista júnior a analista, eles comemoram, ligam para os pais e ganham parabéns dos colegas. Os líderes logo perceberam que os passos não eram considerados falsas promoções pelos funcionários, mas marcos significativos de sucesso na carreira. Graças ao foco em alcançar níveis específicos de realização para receber a promoção, Cenedella também diz que hoje a Ladders tem uma força de trabalho mais capaz e concentrada de novos contratados de todas as idades.

Muitos gestores que implementaram passos semelhantes nas promoções nos disseram que é ótimo, tanto para o engajamento quanto para o treinamento dos funcionários. Há mais oportunidades para o treinamento direto entre gerente e funcionário e discussões mais ricas sobre as metas de desenvolvimento mais amplas são facilitadas.

Método 2: Treine os funcionários para avançar

Para muitos funcionários ansiosos pelo avanço na carreira, verificamos que, em parte, isso se deve à falta de compreensão das melhores táticas para se destacar como candidato a promoções. Os gestores podem abrir os olhos dos funcionários para que vejam como se encarregar do próprio desenvolvimento na carreira, como adquirir novas habilidades, ganhar experiência e produzir o tipo de resultado importante para os líderes no topo, coisas que os tornarão mais qualificados para ascender.

O dr. David B. Peterson, ex-diretor de formação e desenvolvimento de executivos do Google, nos enfatizou que muitos funcionários não entendem que precisam investir tempo de qualidade toda semana para se preparar para assumir cargos futuros. Muitos funcionários se concentram apenas em otimizar o seu desempenho no cargo atual, o que, naturalmente, é algo que todo gerente quer que eles façam. Mas se concentrar exclusivamente em agradar o chefe atual sem olhar à frente e planejar o crescimento rumo a novos desafios deixa os funcionários à mercê da única pessoa a quem respondem. Assim se exacerba a ansiedade, pois anos podem decorrer sem nenhum vislumbre de avanço.

Peterson diz: "Os líderes precisam ajudar os membros da equipe a descobrir que ser excelente no cargo atual não basta para levá-los aonde querem ir. O que os levará ao nível seguinte são as habilidades novas e diferentes." Ele aconselha os gestores a fazer os membros da equipe passarem pelo chamado "teste de realidade", ou seja, olhar na agenda a semana anterior e depois a seguinte para ver quanto tempo gastam com tarefas que os ajudariam a chegar aonde querem estar dali a um ano. As suas ações diárias se alinham com a meta declarada? É óbvio que o grosso do tempo será dedicado às tarefas em andamento, mas se pouco ou nenhum tempo é dedicado a aprender e crescer, há pouca probabilidade de que a pessoa algum dia avance.

Assim, os líderes podem fazer muito para ajudar, permitindo que o seu pessoal dedique um tempo toda semana — uma hora ou duas já é um bom começo — a aprender habilidades desejáveis e a alinhar o foco com as suas metas pessoais de desenvolvimento a longo prazo. Esse é um modo poderoso de ajudar as pessoas a se sentirem apoiadas. É claro que significa que os gerentes se reuniram individualmente com todos os funcionários para entender as suas metas de carreira e como podem ajudá-los a chegar lá.

Método 3: Ajude os funcionários a avaliar as suas habilidades e motivações

Outra parte do treinamento que ajuda a conter a ansiedade pelo caminho adiante é ajudar os funcionários a ter clareza sobre o caminho que, na verdade, têm mais probabilidade de percorrer e do qual muitos funcionários não têm certeza. A indecisão pode levar ao estresse na carreira, e pegar o caminho errado pode levar as pessoas a cargos inadequados ou que não lhes interessam muito, só porque acham que precisam continuar crescendo na carreira.

Não faz muito tempo, orientamos uma diretora de departamento sobre alguns possíveis riscos se ela promovesse Greg, um dos seus funcionários. A diretora seria transferida para outro cargo e vinha preparando Greg para ocupar o seu lugar. Avaliamos a sua equipe usando a nossa Avaliação Motivacional e fizemos entrevistas 360°; acreditamos que Greg provavelmente não acharia o cargo de gerência atraente e que não seria muito bom nele.

Como histórico, montamos a Avaliação Motivacional com os doutores Travis Bradberry e Jean Greaves, autores de *Inteligência emocional 2.0*, para determinar os impulsos centrais no emprego exclusivos do indivíduo. Em nossa pesquisa, surgiram 23 fatores que motivam as pessoas no trabalho — da criatividade à sensação de propriedade, do dinheiro à aprendizagem. Depois de pesquisar mais de cem mil pessoas com a Avaliação, vimos que um elemento fundamental do engajamento é que o funcionário se sinta autenticamente motivado pelo trabalho que faz. Faz sentido, não é? Os trabalhadores mais produtivos têm um bom quociente de trabalho realmente envolvente.

É claro que todos nós temos aspectos do nosso emprego de que não gostamos muito. Todo mundo tem que levar o lixo para fora, por assim dizer. Mas descobrimos que os gestores podem impulsionar os funcionários a ficarem mais dedicados, confiantes e satisfeitos na carreira ajudando-os a entender que, embora salário e promoções sejam importantes, é igualmente vital fazer algo que sejam apaixonados, com trabalho que achem interessante e compensador. Os funcionários ansiosos pela carreira na verdade podem estar no caminho errado. Muitas vezes, gestores cuidadosos podem ajudá-los a perceber isso, o que esperávamos que acontecesse na situação de Greg.

Descobrir o descompasso entre o trabalho do funcionário e o tipo de tarefa que seria mais motivadora para ele também é uma oportunidade de "moldar" o emprego: encontrar serviços que ele possa *transferir* a outras pessoas da equipe, tarefas que possam ser *alteradas* para ficar mais motivadoras e, o melhor de tudo para gestor e funcionário, as coisas que ele adora fazer e que possam ser *acrescentadas* às suas tarefas.

Em vez de dar apenas promoções e aumentos aos funcionários (o que não pode ser feito com muita frequência), descobrimos que esse processo de "moldar" o emprego pode ser ótimo para aumentar o engajamento e o senso de direção do trabalhador. Por isso criamos a Avaliação Motivacional: para ajudar os líderes a identificar o que mais engaja os seus funcionários no trabalho. Hoje, essa avaliação é usada por centenas de organizações do mundo inteiro para ajudar os gestores a alinhar melhor o serviço dos funcionários aos seus principais motivadores, com resultado bem documentado no desempenho e na retenção da mão de obra.

Voltemos à diretora e ao funcionário Greg: fizemos a Avaliação Motivacional da equipe, e o resultado de Greg mostrou que "desenvolver os outros" e "trabalho em equipe" estavam quase no fim da sua lista de 23 fatores centrais de motivação. Isso poderia ser problemático. Afinal de contas, se ele fosse promovido, o seu novo serviço seria ajudar um departamento com doze pessoas a crescer e a "se desenvolver", construindo ao mesmo tempo um grupo coeso com noção de "trabalho em equipe". Conversamos com Greg e lhe pedimos que descrevesse seus *piores* dias no emprego. Ele mencionou que ficava frustrado quando orientava funcionários mais novos e/ou ajudava uma das suas equipes de processo a superar conflitos e questões pessoais delicadas. Quando lhe perguntamos quais os seus *melhores* dias, ele se animou. Em geral, era quando estava fora da empresa, trabalhando com os clientes, resolvendo os seus problemas e parecendo um herói.

Quanto à gestão de pessoas, ele confidenciou: "Os membros da minha equipe têm conflitos. Há pessoas que não aceitam bem o *feedback*. Vejo todos esses colegas só fazendo politicagem." Então ele fez uma pausa e perguntou: "Vocês já fazem isso há algum tempo. A gerência é sempre assim?"

Confirmamos que era. "Boa parte da liderança é só isso. É resolver os problemas dos outros, mas também capacitar os outros a ter sucesso." Acrescentamos que algumas pessoas amavam o que ele detestava.

Mais tarde, explicamos à chefe de Greg que, embora ele pudesse se tornar um gerente passável, havia uma grande probabilidade de se sentir péssimo no cargo, o que poderia causar ansiedade e esgotamento. Também logo ficaria claro para os membros da equipe que o coração dele não estava no cargo.

Gostaríamos que todos sempre aceitassem os nossos conselhos brilhantes (ou que os nossos conselhos sempre fossem brilhantes). A história teve um final infeliz. Com base nas constantes recomendações da diretora, quando ela foi promovida a outro cargo alguns meses depois, Greg assumiu a equipe. Ele era inteligente, descobriria o que fazer, raciocinou a diretoria da empresa. A situação só durou seis meses e a equipe se revoltou. Disseram que Greg demorava a dar um retorno sobre suas preocupações, não demonstrava empatia por problemas pessoais e se fechava nos próprios encargos. O parceiro de RH designado para a equipe tentara treinar Greg nos meses em que ficou naquele cargo; mas, por mais inteligente que fosse, parecia que Greg não conseguia mudar.

Ainda bem que a empresa não o demitiu. Ele e o parceiro de RH trabalharam juntos para criar um novo cargo em que Greg continuaria na folha de pagamento como assessor sênior da equipe. Nos três anos que se passaram desde então, ele assumiu outras tarefas (treinamento interno de executivos, por exemplo), ampliou seu alcance trabalhando na ligação com os outros departamentos e assumiu mais responsabilidades no desenvolvimento de produtos. Greg é um rapaz brilhante que, para o bem de todos os envolvidos, não gerencia mais ninguém, a não ser a si mesmo.

Como essa empresa aprendeu, pôr pessoas nos cargos errados provoca ansiedade e estresse indevido, tanto para a pessoa promovida quanto para a equipe com quem ela trabalha.

Uma última verdade dura sobre esse processo é que, às vezes, chegar à compreensão clara com um funcionário sobre o caminho onde ele precisa estar pode fazê-lo sair da sua equipe. E isso pode ser ótimo para a empresa e para o funcionário. Foi essa a opinião do presidente executivo de uma grande seguradora com que trabalhamos.

Fizemos treinamento de motivação com cerca de mil líderes. Muitos conseguiram alinhar melhor as suas tarefas diárias com os seus motivadores básicos. Quando fomos discutir o resultado com o presidente executivo, ele nos disse que três dos seus melhores gerentes tinham decidido sair da empresa por causa do treinamento: um para ser professor, outro para abrir uma pequena empresa, o terceiro para voltar à universidade. Ficamos um pouco nervosos, sem saber como ele reagiria, mas para ele estava tudo bem. "Se não estiverem felizes, os funcionários vão perceber", disse ele. "E perder só três em mil é muito bom. Devemos estar agindo certo."

Como esse presidente executivo, os bons líderes não têm medo de que os membros da sua comunidade realmente pensem no que os motiva a trabalhar, mesmo que acabem indo embora. Um bônus é que esse processo também alivia a ansiedade do funcionário pelo avanço.

Os gerentes que ajudam os funcionários a descobrir o que os motiva no trabalho acabam vistos como ótimos chefes, com quem as pessoas querem trabalhar.

Liz Wiseman, escritora de sucesso e ex-executiva da Oracle, chama esses líderes de "ímãs de talentos". Ela nos disse: "As pessoas capazes e inteligentes encontram esses chefes por causa da reputação que eles constroem. Passam a ser conhecidos como os gestores com quem todo mundo quer trabalhar por causa da capacidade de aproveitar a genialidade nata das pessoas."

Na descrição de Wiseman, a genialidade nata é aquilo que fazemos e que nos torna únicos, o modo específico de construção do cérebro que nos ajuda a agregar valor, mesmo que tenha sido considerado negativo no passado. Ela nos deu um exemplo da vida real. Brian admitiu que as pessoas o chamavam de "Dr. No" nos lugares onde tinha trabalhado. Ele não conseguia se controlar: via imediatamente as falhas nos planos sugeridos pelos outros. Em vez de treinar Brian para perder esse hábito, uma líder que fosse um ímã de talentos trabalharia a favor dele. Ela diria: "Brian, isso é ótimo. Sua genialidade nata é encontrar possíveis armadilhas. É ótimo ter na equipe alguém que seja capaz de encontrar os furos dos nossos planos, de ver o lado mais frágil." Enquanto alguns gerentes se lamentariam porque Brian só via o lado negativo, o ímã de talentos venderia a sua genialidade nata à equipe como uma qualidade necessária. "Vamos usar Brian sempre que pensarmos em lançar algo grande."

Wiseman acrescenta que isso cria uma valorização real da diversidade e é incrivelmente envolvente para o funcionário. "É ótimo ir trabalhar sabendo que o seu chefe e os colegas entendem e apreciam o seu brilho natural", disse ela. "E, quando faz isso, o chefe conquista o direito de dizer: 'Sabe, Brian, poderíamos também usar você um pouco mais aqui' ou 'Preciso que você faça isso de outra forma.'"

O resultado dos ímãs de talentos pode ser espantoso, e eles se tornam muito reconhecidos dentro da empresa. Ryan Westwood, presidente executivo da Simplus, nos falou com orgulho de um funcionário: "Ele estava no grupo de marketing como designer gráfico. Disse que gostaria de experimentar uma consultoria da Salesforce e obter um certificado. Dois anos depois, era a pessoa mais diplomada que tínhamos, com 24 certificados, e considerado um dos cem maiores arquitetos mundiais da Salesforce. Tornou-se diretor do nosso departamento de soluções e começou a trabalhar com propriedade intelectual. Tudo isso porque era interessado e ambicioso e nós lhe demos oportunidades."

Por outro lado, um dos primeiros empregos de Adrian depois de se formar foi de assistente editorial de uma revista mensal. A estrutura de promoções existia desde o tempo de Gutenberg (ao que parecia). Esperava-se que os editores ficassem uns sete anos no cargo, avançando como um relógio de assistente editorial a diretor assistente e a editor associado. Quando demonstrou interesse em aprender mais e crescer — ele se interessava por liderança —, disseram a Adrian que a única oportunidade de chegar a um cargo de alto nível era se tornar assistente do editor administrativo, em geral aos cinquenta anos, e depois torcer para o editor administrativo pedir demissão ou se aposentar. Ele ficou lá por pouco tempo e foi para uma empresa com oportunidades reais, onde os ambiciosos podiam aspirar a seguir aquilo que os motivava.

Para entender melhor o que impulsiona o seu pessoal, recomendamos que os funcionários façam a Avaliação Motivacional ou, no mínimo, que observem e discutam pelo que as pessoas mais se interessam e o que mais as engaja no trabalho. Mais uma vez, isso só acontece quando os gestores dedicam seu tempo a fazer avaliações mais frequentes das habilidades e da motivação do pessoal e têm discussões francas sobre o que é ou não realista.

Método 4: Use um fluxo de desenvolvimento de habilidades

Parte da redução da ansiedade é ensinar o potencial de crescimento e ascensão, mas também temos que ajudar os funcionários a entender que subir não é a única maneira de crescer na carreira. Mary Beth

DeNooyer, diretora de RH da Keurig Dr Pepper, diz que, "por muito tempo, pensamos na carreira como uma escada. A questão toda era como subir. A imagem que estamos passando a usar é um paredão de pedra no qual a pessoa vai subindo de lado, um pouquinho para cima, um pouquinho para o lado. Todo mundo pode ter o próprio destino".

"A única coisa que não se pode fazer em um paredão de pedra é ficar parado", acrescentou ela. "Não se pode ficar satisfeito. É preciso avançar. Mas o modo e a rapidez com que você avança e até que altura irá cabe a você. Isso ajuda as pessoas a pensarem nas habilidades que estão construindo. O que querem vivenciar na sua jornada."

DeNooyer explica que a ideia de escada implica em uma só pessoa subindo por vez; no paredão, pode haver muita gente que chega ao mesmo lugar sem competir. Em outras palavras, o sucesso não é um jogo com apenas um vencedor. Constatamos que esse tipo de atitude aumenta muito as tentativas de inclusão e ajuda a aliviar a preocupação de alguns que se sentem ameaçados pelas iniciativas de diversidade, achando que as vagas lhe estão sendo tiradas. As organizações que fazem isso com eficácia criam uma cultura em que o crescimento de uma pessoa não precisa acontecer em detrimento de outra.

Quando treinamos líderes, nós os incentivamos a seguirem um processo simples para desenvolver novas habilidades nos membros da equipe. Esse processo segue o nosso Modelo de Desenvolvimento de Habilidades. Com esse método, os líderes podem ajudar as pessoas que tentam avançar pelo paredão a mapear o próprio caminho. O melhor é que o processo permite aos gestores alinhar a visão da equipe ou da empresa à visão do pessoal e reduzir a ansiedade que pode surgir quando os membros da equipe sentem que não estão obtendo o crescimento de que precisam.

Primeiro, o funcionário ou o gestor sugere uma habilidade em que pode melhorar. Se for algo que beneficie a equipe ou a empresa e o funcionário se dispuser a tentar, ele começa a aprender. Quando a habilidade é sugerida pelo funcionário e se decide que não é necessária na empresa naquele momento, será algo que o trabalhador buscará no seu tempo pessoal. Certa vez, uma de nossas funcionárias disse que queria ser audiologista e trabalhar com crianças. Embora achássemos a meta nobre, não vimos como encaixar o treinamento naquela habilidade dentro das necessidades da empresa. Ela acabou frequentando a faculdade à noite, e o nosso apoio foi permitir que ela saísse mais cedo em alguns dias da semana.

Em seguida, depois que o funcionário começa a aprender e adquire proficiência suficiente na nova habilidade para ajudar a equipe, o gestor procurará maneiras de aplicá-la. Então, o funcionário contribuirá com a nova habilidade para ajudar a empresa. Depois, se o funcionário estiver se esforçando e se a nova habilidade melhorar a equipe, é necessário que o gestor recompense o comportamento por meio da gratidão e incentive o aprendizado constante. Ele também oferecerá treinamento para assegurar o alinhamento às necessidades da equipe e da empresa e para dar a ajuda necessária para crescer e remover obstáculos.

Finalmente, chega a hora de se realinhar e pensar no que vem a seguir. Se a habilidade beneficiou o funcionário e a equipe, ele pode continuar a utilizá-la e ganhar mais conhecimento. Se o gestor ou o funcionário perceberem que a habilidade não se encaixa direito, podem parar e tentar algo novo, ou o funcionário pode trabalhar nessa habilidade no seu tempo pessoal. Se o trabalhador ainda não dominou direito a habilidade, o gestor e o funcionário podem trabalhar juntos para que o progresso continue.

Anthony deu um exemplo. Quando trabalhava no Laboratório de Pesquisa em Andrologia e Epigenética da Faculdade de Medicina da Universidade de Utah, seu líder, o dr. Kenneth "Ki" Aston, sugeriu que Anthony seria mais útil se aprendesse a linguagem R, usada para fazer análises de dados estatísticos. "Eu disse que tentaria, mas não me sentia confiante", explicou Anthony. "Ki me disse que seria valiosíssimo para mim. Estabeleceu uma meta e me deu tempo e recursos para aprender. Também designou uma das alunas de doutorado para me ajudar a passar pelo processo de aprendizagem e entender como aquilo tudo se aplicava às experiências que fazíamos no laboratório."

A estudante de doutorado observou com paciência Anthony digitar o código. "Ela faria aquilo em minutos; mas, se eu só a observasse programando, não aprenderia. Enquanto eu digitava, ela me explicava: 'Essa parte do código diz ao programa para criar categorias, aquela rotula as categorias'. Assim, aprendi que a programação afetaria outros experimentos. A partir daí, ela me deixou inserir valores e dados para realmente garantir que eu tivesse a oportunidade de dominar o que ela tinha me mostrado. Ela nunca fez o trabalho por mim e não esperava que eu fosse capaz de duplicar magicamente o que ela fazia."

Em poucas semanas, Anthony tinha proficiência suficiente para ajudar a analisar vários experimentos. Ele admite que poderia estar fazendo o trabalho de bancada que a princípio fora fazer. Também poderia fazer a análise no Excel, programa que conhecia bem. Mas o líder do laboratório sabia que aprender a linguagem R seria importante para Anthony expandir seu progresso como cientista. Depois de obter uma base na linguagem e começar a contribuir, o dr. Aston lhe disse: "Há muito mais a aprender na R, mas isso já serve. Obrigado pela contribuição." Naquele dia Anthony saiu do laboratório sabendo que o seu esforço fora valorizado.

"Fiquei ainda mais dedicado ao laboratório depois disso. Senti que eles se preocupavam dez vezes mais comigo", disse ele. "Desenvolver uma nova habilidade me fez sentir que crescia pessoalmente, mas também que ganhava bagagem e contribuía para as metas do laboratório."

Método 5: Torne a aprendizagem imediata

Quer ver olhos vidrados, com a ansiedade disparada? Peça a funcionários ocupados que assistam a uma sessão de treinamento sobre "escrita comercial" ou "negociação" ou algum outro desses cursos pouco alinhados à necessidade cotidiana, diz Steve Glaveski, presidente executivo do Collective Campus, em Melbourne, na Austrália.[11]

Desde a aurora da civilização, quando os nossos ancestrais descobriram como usar armas para vencer os incômodos tigres-dentes-de-

106 | A ANSIEDADE NO TRABALHO

-sabre, nós, seres humanos, aprendemos melhor quando o aprendizado é essencial. (Talvez Ken Jennings, o maior campeão do programa de perguntas e respostas *Jeopardy*, da TV estadunidense, seja a exceção.) Matthieu Boisgontier, do Laboratório de Comportamento Cerebral da Universidade da Colúmbia Britânica, diz: "Conservar energia é essencial para a sobrevivência humana, pois nos dá mais eficiência para buscar comida e abrigo, competir por parceiros sexuais e evitar predadores." O nosso cérebro é o maior consumidor de energia do organismo e, em nome da eficiência energética, é projetado para esquecer rapidamente as informações de que não precisa. Afinal de contas, você se lembra de como tocava música na flauta doce?

É claro que as aulas e o treinamento virtual em habilidades empresariais básicas podem ser valiosíssimos, mas a aprendizagem que mais empolgará os funcionários e causará mais impacto imediato sobre o seu desempenho será como atacar as dificuldades específicas que eles enfrentam no dia a dia profissional.

Digamos que uma funcionária admita para você que está evitando uma conversa difícil, mas necessária, com um colega complicado de outro departamento de quem ela precisa receber informações. Ela não tem confiança de que conseguirá iniciar uma discussão produtiva. Você pode treinar com ela uma abordagem com alguma representação de papéis, mostrando-lhe a linguagem que você usaria. Além disso, pode sugerir que ela leia *Conversas cruciais*, um livro cheio de ideias corajosas para lidar com colegas problemáticos. Indicar aos funcionários leituras que você achou úteis, verdadeiramente relevantes e com conselhos sucintos é ótimo para promover o seu desenvolvimento (ei, como autores de livros sobre negócios, seríamos muito omissos se não endossássemos a prática).

Método 6: Ajuste o desenvolvimento ao indivíduo

Ter conversas francas e frequentes com os funcionários sobre o desenvolvimento da carreira permite aos gestores descobrir de que maneira o seu pessoal precisa aprimorar as suas habilidades e em que está mais interessado. Para reduzir a ansiedade desnecessária, o desenvolvimento deve ser ajustado aos indivíduos. Essa questão nos foi reforçada por Dan Helfrich, presidente executivo e do conselho administrativo da Deloitte Consulting.[12] Ele é um praticante competentíssimo da abordagem personalizada, o que fez com que conquistasse a lealdade do pessoal, sem falar da contribuição que deu à sua promoção a um alto cargo na empresa.

Helfrich começa as conversas pessoais sobre a carreira perguntando aos subordinados diretos: "Em que você quer melhorar?" Isso é muito mais envolvente para os funcionários do que ser treinado para preencher lacunas de habilidades em que não têm o mínimo interesse. Helfrich diz: "Quero saber o desafio que se sentem dispostos a enfrentar, mas que não tiveram oportunidade. Então, com o passar do tempo, uau, o alinhamento que vem de lhes dar pequenas tarefas ou oportunidades que comportem o que eles nos contaram aumenta a confiança deles de que o que dizem é importante."

Ele nos falou de uma integrante da equipe que era o eixo de coordenação do escritório. "Mas ela começou a se sentir um mecanismo de comunicação, sem oportunidade de pensar de forma criativa ou estratégica. O seu conjunto de habilidades como condutora de informação era muito valorizado, mas para ela era limitante." Enquanto alguns gestores incentivariam a funcionária a se apoiar nesse ponto forte, Helfrich sabia que, se não lhe desse oportunidade de ir além e crescer, poderia perdê-la. Ele perguntou à funcionária se gostaria de assumir a liderança de um novo projeto e permitiu que ela guiasse o processo criativo, o que, diz ele, "destravou um crescimento na carreira que não aconteceria de outro modo".

Nessas conversas sobre desenvolvimento, recomendamos as seguintes perguntas:

- ✦ Que atividades você mais gosta de fazer no trabalho?
- ✦ O que há nessas tarefas que lhe dá energia?

- Que tarefas lhe trazem frustração?
- O que há nessas tarefas que desmotiva?
- Se tivesse alguns desejos para a sua carreira, quais seriam?
- Há mais alguma coisa que lhe desperta curiosidade e que você ainda não conseguiu explorar na carreira?

Para captar o que aprendeu com isso e com as constantes conversas subsequentes, aconselhamos a abordagem recomendada pelo dr. Sydney Finkelstein, professor de administração do Dartmouth College.[13] Ele sugere que os gestores criem planilhas para registrar as seguintes informações sobre cada funcionário:

- Observações gerais sobre estilo de trabalho e uma avaliação do potencial da pessoa.
- *Feedback* recebido da pessoa sobre como gosta de ser gerenciada.
- Principais motivadores, como recompensas extrínsecas (compensação financeira e reconhecimento entre gerente e funcionário) e incentivos intrínsecos (destacar-se no trabalho ou se sentir dono das suas ações e decisões).
- Possíveis oportunidades de melhora na carreira, incluindo o *networking*, as tarefas um pouco acima do nível médio e as metas de promoção que sejam necessárias.
- As metas de carreira e desenvolvimento a longo prazo declaradas pela pessoa.
- *Feedback* que o líder precisa oferecer para ajudar a pessoa a crescer (inclusive informações amplas sobre o setor que o líder queira transmitir com o tempo).

Então, antes de cada conversa sobre desenvolvimento, um rápido exame das informações ajuda a identificar problemas que talvez ficassem de fora na correria das operações do dia a dia. Talvez o funcionário tenha dito que gostaria de dar à equipe uma ideia para melhorar um processo e você se esqueceu disso nas últimas semanas. Dez minutos de revisão da planilha lhe permitem pôr o tema de volta na mesa e propor um primeiro passo.

Método 7: Calibre com atenção as oportunidades de crescimento

Os funcionários que querem abrir as asas nem sempre estarão prontos para voar. As pessoas são drasticamente diferentes na capacidade de avaliar o próprio preparo para novos desafios; os ansiosos se intimidam quando já estão mais do que prontos, os impacientes talvez ainda precisem crescer mais. Para o funcionário inexperiente, um pequeno papel em uma equipe multifuncional talvez seja a oportunidade ideal para ver colegas com mais desenvoltura em ação e aprender como funcionam as outras áreas da empresa. Para o trabalhador mais experiente, a oportunidade de liderar um projeto pode ser apropriada.

Margaret Rogers, vice-presidente da Pariveda Solutions, empresa de assessoria em tecnologia, deu o exemplo de um gerente que tinha dois funcionários com interesse em desenvolver a capacidade de falar em público.[14] "Pelas reuniões anteriores, era possível identificar que um deles é menos experiente e mais nervoso quando precisa falar em público", disse ela. "Esse funcionário poderia se beneficiar em um ambiente de um grupo pequeno, como um almoço em que faça uma breve apresentação. Como a outra funcionária tem mais prática, talvez possa fazer um voo solo e apresentar um tópico na próxima reunião da empresa inteira ou em uma conferência com um público maior."

Rogers também recomenda variar o nível de controle dos funcionários sobre o próprio desenvolvimento com base na experiência. O funcionário com mais tempo de casa deveria ter mais espaço para selecionar as oportunidades de crescimento, enquanto o recém-contratado precisará de mais orientação. Mas, mesmo com novatos, como os recém-saídos da faculdade, é fundamental permitir algum grau de participação no processo. Também é importante permitir uma amplitude que cause alguns erros ou até o fracasso de um projeto, dentro de limites sensatos, é claro. Enfrentar dificuldades e enfrentar fracassos são experiências intensas de aprendizado e ajudam a identificar lacunas em habilidades; então, os líderes e os funcionários podem buscar maneiras de resolvê-las. O segredo para reduzir a ansiedade é que as pessoas precisam ser treinadas para entender que os reveses são oportunidades de aprendizado e que possíveis fracassos nunca devem ser muito prejudiciais para o desempenho geral do funcionário ou da equipe. Por exemplo, pedir a uma pessoa nova que faça uma apresentação para defender uma ideia de aprimoramento da equipe em uma reunião do pessoal pode ser a oportunidade de fazer uma defesa convincente, mas o sucesso ou o fracasso não causarão impacto negativo sobre o resultado.

Com treinamento eficaz, os líderes podem ajudar o funcionário que não fez algo direito a compreender que a experiência foi uma ótima demonstração de iniciativa e pensamento criativo e não um fracasso. Então, o funcionário também tomará consciência do que é necessário para o sucesso em uma realização dessas. A esse respeito, Margaret Rogers comenta: "Lembrem-se, a segurança é necessária quando a confiança é baixa, mas forçar os funcionários até o limite do desconforto resulta em desenvolvimento real."

Método 8: Incentive o apoio entre colegas

Hoje, quando quer aprender uma nova habilidade, a primeira opção do funcionário raramente é o chefe. A maioria dos trabalhadores mais jovens irá à internet — ao Google ou ao YouTube — ou consultará os amigos dentro ou fora da empresa, em um processo de *crowdsourcing*. Esperar que o gerente tenha tempo para a conversa ou eventualmente admitir que não se sabe alguma coisa podem provocar ansiedade. Os líderes eficazes aproveitam a aprendizagem entre pares.

A dra. LaMesha Craft, da National Intelligence University, diz que a aprendizagem entre pares pode ser "a ferramenta mais poderosa no local de trabalho".[15] É mais provável que as pessoas façam perguntas francas sobre o que não entendem ou que lhes parece difícil quando falam com os colegas. Além disso, boa parte da competência que faz as empresas funcionarem bem não está na cabeça dos líderes, em um manual de treinamento nem em processos formais e é aprendida na experiência prática e mantida pelo *know-how* coletivo dos funcionários. Os membros da equipe podem dividir entre si um tesouro de conhecimentos que "aprenderam fazendo" e, com isso, construir uma cultura de aprendizagem contínua.

De várias maneiras criativas, as empresas têm incentivado os colegas a se ajudarem no trabalho cotidiano, no *networking* e na busca de oportunidades de aprendizagem. Muitas empresas com que trabalhamos criaram mercados online na intranet para facilitar, enquanto outras realizam oficinas de aprendizagem com pares para conectar funcionários dispostos a ensinar aos colegas habilidades específicas.

Outra ótima prática que, em funcionários introvertidos, pode produzir menos ansiedade que fazer uma apresentação é lhes pedir que criem vídeos explicativos sobre processos importantes para serem postados na intranet da empresa. Alguns podem ser exibidos até aos novos funcionários. Em geral, três a quatro minutos é uma duração ótima, e há muitos serviços gratuitos de edição de filmes na internet, além de tutoriais sobre as melhores práticas na gravação e na edição.

No livro *Expertise competitiva*, Kelly Palmer e David Blake defendem a formalização da aprendizagem entre pares para aumentar a confiança dos funcionários.[16] Eles indicam algumas características que resumem as melhores práticas para as equipes aprenderem mais umas com as outras e com colegas de toda a empresa:

1. **Nomeie um facilitador.** Indique uma pessoa para organizar as sessões de aprendizagem entre pares e manter as reuniões, presenciais ou não, focadas no tema.
2. **Construa um ambiente seguro.** Ajude os participantes a se sentirem seguros para fazer perguntas e revelar ideias e experiências. Convide especialistas de outros departamentos para ajudar e aproveite os seus conhecimentos.

3. **Concentre-se em situações do mundo real.** É mais provável que os membros da equipe participem e aprendam com eficácia se as sessões de aprendizagem abordarem os seus desafios atuais.

Embora hoje existam muitas incertezas, principalmente no mundo do trabalho, temos certeza de que os líderes que terão sucesso no futuro darão mais atenção ao desenvolvimento do pessoal. Para resolver os problemas aparentemente insolúveis do nosso tempo e levar as nossas organizações em uma direção mais próspera, os grandes chefes darão mais atenção ao seu pessoal, principalmente na busca de caminhos para crescer. O sucesso no avanço dependerá, em grande parte, de encontrar maneiras de aproveitar os fatores de motivação, o estilo e os talentos exclusivos do nosso pessoal.

RESUMO

- A pesquisa mostra que os trabalhadores mais jovens são mais ansiosos por subir de nível ou sair da empresa, e mais de 75% das pessoas da geração Z acreditam que deveriam ser promovidos no primeiro ano no emprego. Criar mais degraus na carreira pode ajudar.
- Cerca de 90% dos trabalhadores mais jovens "valorizam muito" o crescimento na carreira e as oportunidades de desenvolvimento, e as empresas que aproveitam de forma eficaz o desejo de aprender de sua equipe têm probabilidade 30% maior de serem líderes do mercado.
- Cerca de 87% dos indivíduos da geração Y classificaram a segurança no emprego como prioridade máxima quando procuram trabalho. É mais do que provável que esse número fique ainda maior no mundo pós-pandemia.
- Uma série de métodos pode reduzir a ansiedade dos funcionários com o rumo que estão tomando na carreira. São eles: 1) criar mais passos para

crescer; 2) treinar os funcionários para avançar; 3) ajudar os funcionários a avaliar as habilidades e motivações; 4) usar um fluxo de desenvolvimento de habilidades; 5) tornar a aprendizagem imediata; 6) ajustar o
desenvolvimento ao indivíduo; 7) calibrar com atenção as oportunidades de crescimento; e 8) incentivar o apoio entre colegas.

5

Como transformar "não está perfeito" em "está bom, vou em frente"

CONTROLE O PERFECCIONISMO

As coisas mais belas nunca são perfeitas.

— Provérbio egípcio

Embora a palavra "perfeccionismo" signifique a busca extrema do impecável e, em geral, seja considerada um problema, a nossa cultura a promoveu de várias formas. As escolas se tornaram um viveiro de perfeccionismo, os escritórios também. Com muita frequência, o perfeccionismo é confundido com a perseverança nas dificuldades, a excelência nos padrões e a ambição saudável. Na verdade, houve um tempo em que nos disseram que "sou perfeccionista" era a resposta recomendada à pergunta tão banal em entrevistas — "Qual é o seu maior defeito?" —, ridicularizada pelos satiristas culturais de *Os Simpsons*.[1] Em uma entrevista de emprego na Usina Nuclear de Springfield, quando lhes perguntaram sua pior qualidade os candidatos responderam:

Candidato 1: *Bom, sou viciado em trabalho.*
Candidato 2: *Bom, eu me esforço demais.*

Só Homer Simpson, o sem noção, respondeu francamente.

Homer: *Bom, levo muito tempo para aprender as coisas. Sou meio enrolão. Coisinhas começam a sumir do local de trabalho.*

116 | A ANSIEDADE NO TRABALHO

Por que não deveríamos buscar a perfeição no trabalho? O fato é que alguns deveriam. É bom que o técnico que examina a nossa amostra de sangue faça tudo conforme as regras. Os pilotos de linhas aéreas têm pouquíssima margem para erros, e por isso há copilotos e muita ajuda eletrônica. Em muitas profissões e em certos aspectos de todo serviço, a execução impecável é fundamental. Trabalhamos durante muitos anos com grupos da Intel, por exemplo, e há poucas empresas que valorizem mais a perfeição no processo de produção. Como em muitas empresas industriais, a Intel busca zero variações depois que um processo é otimizado.

Portanto, há ocasiões em que as pessoas estão certíssimas ao buscarem padrões extremamente exigentes. Nessas ocasiões, não estão sendo perfeccionistas, mas responsáveis. O perfeccionismo não é a busca racional de acertar o que tem que estar certo, é uma busca corrosiva de parecer perfeito e, muitas vezes, de forçar os outros também à perfeição (e, ao mesmo tempo, ser avesso a críticas). Em uma ironia horrível, o perfeccionismo prejudica bastante o desempenho e se tornou um sinal de alerta para muitos funcionários.

Vejamos o caso de uma das maiores artistas de todos os tempos, a estrela da ópera Maria Callas.

Nas décadas de 1940 e 1950, Callas se tornou uma das cantoras de música clássica mais bem-sucedidas, e muitos ainda a consideram a maior soprano de todos os tempos.[2] Ela mudou para sempre as expectativas dos cantores com um talento teatral nunca visto no palco da ópera. Ainda assim, a carreira de Callas é um exemplo de que a luta pela perfeição pode destruir a excelência.

Forçada por uma mãe dominadora que a fazia cantar nas ruas por dinheiro desde os cinco anos, ela desenvolveu, como declarou o *Washington Post*, "um perfeccionismo que ficou cada vez mais feroz conforme a sua voz decaía". Callas se forçava a ser impecável às custas da saúde e dos relacionamentos, dentro e fora do meio profissional. Em certa ocasião, antes de um ensaio no Scala, pediram-lhe que esperasse até o eminente pianista Wilhelm Backhaus terminasse o ensaio dele.

COMO TRANSFORMAR "NÃO ESTÁ PERFEITO" EM "ESTÁ BOM, VOU EM FRENTE" | 117

Ela se recusou terminantemente e disse que não importava quem ele fosse: "Eu deveria começar o meu ensaio às três horas. Pode dizer a ele que acabou." Quando ensaiava *Medeia*, ela foi rapidamente a um café próximo em uma pausa do ensaio, e lá lhe perguntaram: "O que é isso na sua mão?" Ela ainda segurava a adaga da cena, a mente incapaz de sair do personagem.

Embora um talento raro, as expectativas de perfeição de Callas pesavam tanto que ela acabou com dificuldade de se apresentar. Ao recapitular a carreira, disse: "Nunca perdi a voz, mas [...] perdi a coragem."[3] Os seus dias de palco terminaram aos quarenta anos, enquanto, por sua vez, Joan Sutherland, considerada a segunda melhor soprano depois de Callas, cantou até depois dos sessenta.

Embora visar à excelência possa trazer progresso, o perfeccionismo pode levar ao fracasso.

O boletim infinito

Os perfeccionistas não são apenas esforçados, diligentes e ambiciosos.[4] Como diz o dr. Brian Swider, da Universidade da Flórida, que pesquisou as diferenças entre esforçados e perfeccionistas, "sim, os perfeccionistas se esforçam para produzir um trabalho impecável e têm um nível de motivação e consciência mais alto do que os não perfeccionistas. No entanto, também é mais provável que estabeleçam padrões inflexíveis e altos demais, avaliem o seu comportamento com excesso de crítica, tenham a mentalidade do tudo ou nada quanto ao seu desempenho ('meu trabalho é impecável ou um fracasso total') e acreditem que o seu amor-próprio depende de um desempenho perfeito. Os estudos também mostraram que os perfeccionistas têm nível elevado de estresse, esgotamento e ansiedade".

Para os que lutam com o perfeccionismo, a vida é um boletim infinito com a nota das suas realizações, aparência, qualidade de amigos etc. E esse é um caminho rápido para a infelicidade e muita preocupação. Uma diferença fundamental entre o perfeccionismo insalubre e o esforço saudável é ser capaz de definir expectativas realistas e saber quando dizer "já está bom".

Um aspecto bem subversivo do perfeccionismo que os próprios perfeccionistas geralmente não têm consciência é que, na verdade, eles não buscam tanto *ser* perfeitos quanto *serem vistos* como perfeitos, o que os leva à obsessão de não falhar, seguir padrões inatingíveis e evitar erros públicos a qualquer custo. Assim, passam tanto tempo aperfeiçoando ou decidindo que rumo tomar que pouco conseguem fazer.

Além disso, é comum os perfeccionistas terem necessidade acentuada de aprovação e validação positiva e temerem qualquer forma de crítica ou avaliação negativa. Pesquisas mostram que o perfeccionismo pode levar as pessoas a fazer menos esforço, não mais; o seu subconsciente as leva a raciocinar: "Como não vou conseguir fazer certíssimo, não vou me esforçar tanto." O efeito vicioso é que isso cria mais pressão quando as pessoas ficam para trás e se sentem criticadas pelo trabalho inadequado.

Benjamin Cherkasky, terapeuta e pesquisador do perfeccionismo do Family Institute da Northwestern University, entende essa lógica distorcida em primeira mão.[5] Ele diz que largou a equipe de natação quando estava na oitava série, embora amasse o esporte. A questão era que não vencia tantas competições quanto achava que devia. "Não sou Michael Phelps, então por que estou na equipe?", é o que Cherkasky se lembra de pensar. Só anos depois ele percebeu que as metas irreais tiravam a alegria do tempo que passava na piscina.

Um último efeito do perfeccionismo é levar as pessoas a se isolarem e a se distanciarem dos outros e do seu trabalho. Ele pode provocar sofrimento emocional avassalador e atuar tanto como causa quanto como sintoma da ansiedade.

Embora seja há muito tempo um problema para os funcionários, nos anos recentes o perfeccionismo se tornou bem mais comum. Em um estudo feito em 2017 por Thomas Curran da Universidade de Bath, na Inglaterra, a equipe analisou dados de mais de quarenta mil estudantes universitários estadunidenses, canadenses e britânicos e mostrou que a maioria tinha notas bem mais altas do que as gerações anteriores nos seguintes quesitos: desejo pessoal irracional de nunca falhar; percepção de expectativas excessivas dos outros; e impor padrões irreais aos outros.[6]

Muitas pesquisas indicam que as redes sociais contribuem para esse medo crescente do fracasso que pressiona os adultos jovens a compararem as suas realizações no trabalho com as dos colegas (em geral, de forma desfavorável) e aumenta a preocupação com notas altas nos que estão estudando. A motivação de muitos universitários que tentam produzir apenas resultados perfeitos é o medo do resultado negativo. A mudança de paradigma de "quem tira cinco se forma" para "nunca conseguirei a casa própria se não entrar em um bom programa de pós-graduação" deu a muitos estudantes uma motivação sombria para buscar a perfeição e aumentou bastante o nível de preocupação, estresse e ansiedade. Se o escândalo de 2019 do processo de seleção em faculdades estadunidenses, em que houve fraude nas provas e certificados falsos de excelência nos esportes, nos ensinou alguma coisa, foi que a ansiedade de pais e alunos é palpável e pode levar quem tem poder e riqueza a tomar péssimas decisões. A mensagem para os jovens foi infeliz: as pessoas de sucesso fazem todo o possível para avançar, mesmo que envolva trapaça.

No passado (no início do século XIV), a maioria dos alunos estudiosos do ensino médio só torciam para entrar na universidade — qualquer universidade. Mas, no mundo moderno, os alunos são incentivados a obter médias quase perfeitas para entrar na faculdade "certa" e depois continuar se destacando para entrar em cursos prestigiados de pós-graduação. Para isso, as famílias ricas contratam professores particulares e mandam os filhos em viagens de serviço comunitário para melhorar o currículo, enquanto alunos de famílias economicamente menos favorecidas têm que trabalhar em meio expediente ou em horário integral para pagar a faculdade, ficando com menos tempo para estudar. Sem querer, as universidades incentivam a competição, jogando os alunos uns contra os outros. Os sistemas online, usados por quase todas as universidades, mostram instantaneamente aos alunos a sua nota em qualquer prova ou trabalho comparada à nota média e às notas mais altas da turma.

Anthony admite que verifica o sistema Canvas online da sua universidade pelo menos de hora em hora no dia da publicação dos resultados das provas. Só no último ano ele percebeu a sabedoria de baixar a cabeça e trabalhar com afinco para aprender, danem-se as notas. "Nos meus primeiros anos de faculdade, eu ficava frustrado ao perceber que não seria capaz de dominar todos os conceitos quando fazia quatro ou cinco aulas de ciência ao mesmo tempo. Se quisesse compreender o conceito seguinte, às vezes eu tinha que avançar com um entendimento apenas básico de algumas ideias."

Anthony disse que, no primeiro ano, ficou tão estressado que abandonou uma matéria porque começara o semestre com média sete, mas no meio do ano recebeu seis. "Provavelmente, eu poderia ter continuado e obtido nota para passar se adotasse a mentalidade de que eu estava lá para aprender, era novo nas ciências e até um sete seria bom o suficiente em minha primeira cadeira real de ciência."

Ele fora incentivado por um sistema que recompensa as notas altas em vez da instrução. Nesses lugares, as notas promovem a uniformidade. Não há espaço para risco, aventura nem aprendizado genuíno quando a única meta é agradar ao professor e receber nota dez. Os alunos começam a tratar a coisa toda como um jogo e só se esforçam o suficiente para sobreviver e passar ao nível seguinte. No fim da vida, Albert Einstein disse ao Departamento de Educação do Estado de Nova York que "a vantagem competitiva da sociedade não virá das escolas que ensinam multiplicação e tabela periódica, mas das que estimulam a imaginação e a criatividade".

Como reconhecer

Antes de abordar o que o gerente pode fazer para ajudar os funcionários perfeccionistas a se manterem nos trilhos e cumprirem os prazos, é importante passar rapidamente algumas noções sobre os diversos tipos de perfeccionismo e como identificá-los em uma equipe.

O trabalho de Paul Hewitt, da Universidade da Colúmbia Britânica, e de Gordon Flett, do campus de Toronto da Universidade York, esclareceu que há três tipos básicos de perfeccionismo.[7] Quando voltado para dentro, para o *eu*, o perfeccionismo leva os indivíduos a alimentarem expectativas pouco realistas sobre si e a fazerem autoavaliações punitivas. É o perfeccionismo auto-orientado. Por outro lado, quando as pessoas percebem exigências de perfeição vindas *dos outros* — chefes, esposas, amigos e até desconhecidos — e passam a acreditar que têm que ser perfeitos para ganhar a aprovação do mundo, sofrem de perfeccionismo socialmente prescrito. Enfim, quando as expectativas perfeccionistas se voltam *para os outros*, as pessoas impõem padrões não realistas aos que estão em volta. É o perfeccionismo orientado aos outros.

Eles não são, de modo algum, mutuamente exclusivos; as pessoas podem cair sob o domínio de mais de um ou de todos eles. Mas saber as diferenças é útil para avaliar a melhor maneira de ajudar os funcionários. Podemos nos perguntar: o funcionário está se castigando, fazendo comentários críticos sobre si ou o seu trabalho? Parece que a funcionária pensa que você espera mais dela do que realmente espera? O funcionário critica demais o trabalho feito por colegas ou subordinados?

Para identificar que alguém é perfeccionista, a dra. Alice Boyes, ex-psicóloga clínica e autora de *The Anxiety Toolkit* [*Caixa de ferramentas da ansiedade*], explica que essa pessoa pode procurar orientação demais, não gostar de correr nenhum risco e tratar cada decisão como se fosse uma questão de vida ou morte.[8] É válido pressupor que quem apresenta tendências perfeccionistas tem ansiedade.

122 | A ANSIEDADE NO TRABALHO

Uma pesquisa da Universidade Harvard acrescenta que os perfeccionistas tendem a ficar defensivos em excesso quando criticados.[9] Já os esforçados saudáveis tendem a aceitar as críticas com facilidade enquanto buscam um resultado superior. E, embora os esforçados tendam a se recuperar dos fracassos, é comum os perfeccionistas se preocuparem com os seus deslizes ou com os erros dos outros.

Tudo bem, e o que fazer para ajudar esses funcionários? A seguir, uma série de métodos que encontramos para ajudar a liderar quem tem tendências perfeccionistas.

Método 1: Esclareça o que é bom o suficiente

Primeiro, reserve um pouco de tempo para pensar se você ou a cultura organizacional atiçam o perfeccionismo de quem já tem alguma tendência a isso. No nosso treinamento de líderes, é comum vermos que eles se forçam e forçam os membros da equipe a atingir um padrão não só elevado, mas irreal. Desse modo, os líderes podem ficar excessivamente duros ao criticar o trabalho dos funcionários, e o foco em abordar problemas e apagar incêndios toma tanto do seu tempo que muitos deixam de fazer elogios, o que aumenta de forma considerável a ansiedade. O reconhecimento oportuno e bem calibrado do bom trabalho ajuda todos a se sentirem mais confiantes de que estão fazendo o possível para ajudar a equipe. Também ajuda a aprender quais são as fronteiras do trabalho aceitável — quando o bom o bastante é bom o bastante.

Se deixados por conta própria para determinar se o trabalho está aceitável, é mais do que provável que os perfeccionistas pensem e trabalhem em excesso, façam emendas, tentem adivinhar ou até façam coisa demais — como, em vez de só inventariar os produtos pedidos, contar os de todo mundo, ou entregar um calhamaço quando o chefe só queria um resumo. Sabemos que a maioria dos gerentes não tem vontade nenhuma de levar o pessoal pela mão e se preocupa devidamente com o microgerenciamento, mas com funcionários que tendem ao perfeccionismo é importante guiá-los com clareza pelo padrão que você procura.

Anthony conta como isso foi útil quando ele passou do trabalho em laboratórios de química para os de biotecnologia. "Nos laboratórios de química, a exatidão era de várias casas decimais ao pesar e medir os reagentes", disse ele. "Era demorado, e várias horas eram reservadas para que as medições fossem precisas. As balanças eram cercadas de quebra-ventos para evitar a respiração, e a leitura da balança podia mudar se nos apoiássemos na bancada. Quando entrei no primeiro laboratório de biotecnologia, busquei o mesmo nível de exatidão."

Enquanto ele usava delicadamente uma colher para medir uma porção de ágar-ágar (gelatina de algas), passando quantidades minúsculas de um lado para o outro entre a balança e o vasilhame, a chefe entrou. Ela explicou que aquele perfeccionismo não era necessário no determinado procedimento de biotecnologia. Eles estavam fazendo gelatina para as bactérias comerem, não para dividir o átomo. "Ela me ajudou a perder o hábito", diz ele, "e isso me permitiu dedicar mais tempo às coisas que realmente exigiam mais precisão. Claramente isso me tornou um trabalhador mais competente no laboratório."

A dra. Boyes recomenda deixar claro para os funcionários que eles podem considerar alguns serviços menos importantes do que outros e estabelecer diretrizes a seguir, que, segundo ela, reduzem muito a ansiedade dos perfeccionistas. Ela também aconselha atribuir mentores para orientar os funcionários iniciantes no trabalho, mostrando-lhes como fazer as coisas e dando exemplos do que é um bom padrão.

Método 2: Compartilhe a sabedoria dos inovadores

Muito se escreveu nos últimos anos sobre a sabedoria de começar com um "mínimo produto viável" na hora de criar inovações. Observem que mínimo viável não significa um lixo. Significa um produto confiável, pronto para ser testado com os consumidores, para que depois você possa aprimorá-lo e torná-lo ótimo ou, até, finalmente perfeito.

Esse processo chamado de abordagem da *startup* enxuta tem ajudado muito as empresas a acelerar o desenvolvimento de produtos e serviços e oferecer produtos finais melhores, porque os clientes participaram do projeto.

A professora Rita McGrath, da Columbia Business School, nos disse que a abordagem de "aprender enquanto faz" é útil para aliviar o medo do fracasso, questão importante para os perfeccionistas. Quando os funcionários temem que "um fracasso suje sua ficha", disse ela, "é mais fácil não tomarem decisões ou tomarem decisões difusas". Isso pode ser grave. De acordo com uma nova pesquisa da Forrester Consulting, um terço de todos os produtos é entregue incompleto ou com atraso devido à incapacidade ou à demora de tomar decisões.[10]

McGrath tem um jeito ótimo de abordar o medo de fracasso: a criação de uma cultura de aprender fazendo, recomendação que os gerentes deveriam discutir com todos os integrantes da equipe e não só com os perfeccionistas. Ela destaca: "Em uma empresa inovadora, é bom incentivar os indivíduos a tomarem a iniciativa." A contribuição de cada pessoa no processo pode evoluir, mas, se ela não apresentar a sua ideia ou o produto do trabalho para avaliação, as "mutações" que poderiam melhorá-lo não serão descobertas. Quando se trata de inovação, diz ela, "é verdade que a maioria das mutações não dá certo, mas as que sobrevivem dão certíssimo". O mesmo é fundamentalmente verdadeiro no caso dos funcionários que aprendem a obter a excelência pela qual os perfeccionistas se esforçam tanto. Aconselhamos os gestores a ensinar ao pessoal que é melhor cumprir o prazo do trabalho da melhor maneira possível e apresentar as coisas para avaliação. Desse modo, os funcionários podem receber a opinião de colegas, líderes e até clientes e não se trancar em uma prisão mental de preocupação ansiosa.

Avançar constantemente dessa maneira é um modo ótimo de ajudar os perfeccionistas e todo o pessoal a cultivar uma "mentalidade de crescimento".

Carol Dweck, psicóloga de Stanford, lançou a expressão em seu sucesso *Mindset*, que recomendamos a todos os gestores.[11] A pesquisa

COMO TRANSFORMAR "NÃO ESTÁ PERFEITO" EM "ESTÁ BOM, VOU EM FRENTE" | 125

dela revelou que as pessoas têm duas tendências: uma mentalidade de crescimento, ou seja, acreditam que a inteligência e a aptidão podem se desenvolver e se dispõem a experimentar novas estratégias e pedir ajuda aos outros; ou uma mentalidade fixa, que as leva a acreditar que a sua inteligência está gravada em pedra e que sua aptidão para determinado tipo de trabalho não se desenvolve muito com o tempo (por exemplo, "não sou bom com tecnologia"). Isso as leva a se afastar de novos desafios. Além disso, as pessoas com mentalidade de crescimento tendem a perceber as críticas ao seu trabalho como construtivas e úteis para melhorarem. Desenvolver a mentalidade de crescimento ajuda a mergulhar no trabalho que talvez achem assustador sem sofrer da ansiedade por terminar nem se punir se tiverem que fazer aprimoramentos.

Conversamos com um executivo de alto escalão que admitiu ter tendências perfeccionistas. Ele se beneficiou muito com a orientação que recebeu do próprio chefe possibilitando que visse o próprio trabalho e o da sua equipe pelo ponto de vista da mentalidade de crescimento. Darcy Verhun, presidente da FYidoctors, nos disse: "Tendo a me forçar e tenho consciência de que isso pode levar à tendência de forçar demais os outros."

Ele nos contou um exemplo: "Alguns anos atrás, criamos uma interpretação visual das nossas metas usando uma série de montanhas cada vez mais altas. As metas estavam em bandeirolas no alto de cada montanha. Chamamos isso de 'Expedição'. Quando atingíamos uma meta, colocávamos uma bandeirola no alto da montanha que tínhamos 'escalado' coletivamente. Quando chegamos ao fim do terceiro trimestre, percebi que eu não conseguiria pôr bandeirolas em todas as montanhas. Detesto fracassar e suava frio quando me reuni com o nosso fundador e presidente. Só tínhamos cumprido 60% das nossas metas. E dois marcos tinham sido um fracasso absoluto."

Verhun disse ao chefe que estava consternado com o desempenho da equipe e com o seu fracasso como líder. A conversa foi assim:

Presidente: *Você achava que íamos cumprir todas aquelas metas?*

Verhun: *É claro. Pusemos no papel e a equipe toda concordou.*

Presidente: *Darcy, se você tivesse cumprido todas as metas, seria um sinal de que os nossos sonhos não são grandes o suficiente.*

Verhun: *Mas dois marcos foram um fracasso absoluto. Nunca serão atingidos.*

Presidente: *Você aprendeu alguma coisa com eles?*

Verhun: *Sim, muito.*

Presidente: *Então, ótimo. E acho que aplicaremos as lições aprendidas com os erros cometidos pelo caminho, não é?*

Verhun: *É.*

Presidente: *Fantástico. Continue. Até o próximo trimestre.*

Verhun diz que já contou essa história em muitas ocasiões, em todos os níveis da empresa. "É um ótimo exemplo do nosso *éthos*: vamos tentar coisas, fazer ajustes enquanto aprendemos, corrigir os erros e produzir resultados juntos. Nunca seremos perfeitos, mas podemos buscar a excelência", disse ele. Achamos que a sabedoria transmitida por esse presidente é uma história ótima para contar a todos os perfeccionistas.

Ryan Westwood, um dos fundadores e presidente executivo da Simplus, nos contou: "No caso do perfeccionismo, ajuda muitíssimo os líderes serem abertos a respeito da própria ansiedade. Isso deixa as pessoas à vontade e dá a todos a permissão de serem humanos. Na semana passada, fizemos um treinamento de liderança e contei que errei o modo de estruturar os incentivos administrativos na nossa última aquisição. Não conseguimos maximizar os benefícios da equipe. Contei como foi difícil me orientar naquela situação e como aquilo me estressou. Foi quase como se houvesse um suspiro coletivo de alívio dos funcionários presentes. Eles postaram que foi muito bom ouvir que o presidente executivo tinha errado."

Outro administrador que entrevistamos sobre essa questão nos passou uma ótima mensagem que destaca na sua empresa. Roland

COMO TRANSFORMAR "NÃO ESTÁ PERFEITO" EM "ESTÁ BOM, VOU EM FRENTE" | 127

Ligtenberg é o fundador da Housecall Pro, uma empresa de software de San Diego com oito anos e cerca de 150 funcionários. Ele viu em primeira mão o efeito do perfeccionismo no aumento do nível de ansiedade na empresa e começou a ensinar aos funcionários: "No nosso mundo, o perfeito é inimigo do *feito*."

É claro que mesmo um conselho tão sábio será insuficiente para ajudar os perfeccionistas, ou a maioria dos funcionários, a superar o medo do fracasso se a cultura da equipe é dura com os erros cometidos. Assim, é importante pontuar abertamente com a equipe que todos devem avisá-lo prontamente, ou o seu chefe, quando houver problemas e trabalhar juntos para resolvê-los.

Método 3: Trate os fracassos como oportunidades de aprendizado

Na pandemia de 2020, pudemos assistir a uma teleconferência da equipe de líderes de um dos nossos clientes — uma cadeia de restaurantes — na manhã de segunda-feira após o Dia das Mães. Nessa época, todos os restaurantes estavam contando tostões para continuarem existindo, mas o sistema de pedidos pela internet ficou várias horas fora do ar no fim de semana, custando incontáveis milhares de dólares em receita e deixando muitos fregueses irritados com os pedidos não recebidos.

O diretor de TI talvez se sentisse com a corda no pescoço quando começou a reunião com líderes de todo o país cujas lojas tinham sido afetadas. Em vez disso, o executivo que encabeçava a sessão disse ao grupo que na sua cultura não havia lugar para a culpa. "Sei que tivemos um dia difícil ontem, mas não apontamos dedos", disse ele. "Ninguém queria que isso acontecesse, e agradeço a Amir (o diretor de TI) e à equipe de TI por reagirem em um dia complicado para voltarmos a funcionar. Vamos ter uma discussão produtiva para avançar, aprender e melhorar."

Seguiu-se uma hora de *brainstorm* sobre possíveis investimentos em tempo, talento e tecnologia para ajudá-los a aprender com o revés. Quando chegou o Dia dos Pais, a equipe do diretor de TI tinha instalado sistemas mais robustos e uma série de backups caso algo acontecesse.

Esse foi um dos exemplos mais construtivos que vimos de um líder, assumir a intenção positiva de fazer a equipe trabalhar em conjunto, com o entendimento de que, quando um erro acontece, podemos melhorar em consequência dele.

Já assistimos a reuniões em outras empresas que se degradaram em sessões de culpa. Também já falamos com muitos funcionários que descreveram o efeito prejudicial de ser censurado em público por um erro. Para qualquer funcionário, ser repreendido é um soco figurativo no estômago que pode provocar sentimentos de vergonha e desalento.

Em 2006, quando assumiu o cargo de presidente executivo da Ford Motor Company, Alan Mulally herdou uma cultura em que o medo insalubre do fracasso tinha contaminado as fileiras da liderança. As reuniões executivas tinham se tornado campos de batalha em que os funcionários tentavam identificar falhas nos planos uns dos outros em vez de recomendar soluções.

Mulally nos disse que instituiu uma nova filosofia "baseada no fato de que teremos problemas e precisaremos da ajuda de todos para resolvê-los".

Foram necessárias várias semanas para finalmente convencer os líderes de que estavam em segurança, mas Mark Fields, presidente da empresa na América do Norte, aproveitou a oportunidade em uma reunião e admitiu que o lançamento de um novo veículo sob a sua alçada seria adiado. Os outros executivos ficaram nervosos. Mulally disse: "Pude ver nos olhos deles que achavam que se abririam portas atrás de Mark e que dois grandalhões o arrastariam dali. 'Adeus, Mark.'"

Em vez disso, Mulally o parabenizou e disse: "Mark, muito obrigado. Essa é uma ótima percepção." Então, ele perguntou ao grupo: "Há alguma coisa que possamos fazer para ajudar Mark?" Em segundos, voaram ideias pela sala.

Mulally disse que o momento passou em um piscar de olhos, mas mudou tudo. Como ele diz frequentemente aos seus líderes, "você *tem* um problema; o problema não é *você*".

Método 4: Confira regularmente o progresso

Embora sem dúvida se deva evitar o microgerenciamento, aconselhamos os gerentes a manterem um bom acompanhamento do progresso dos membros da equipe, e isso é ainda mais importante para os perfeccionistas. Os líderes podem ajudá-los a entender que o seu trabalho está indo bem e revelar a procrastinação ou os desvios do caminho, se for o caso.

Um ótimo exemplo de criação de um sistema de acompanhamento do progresso é o dos gerentes da SpaceX, que encontraram um modo de tomar decisões mais rápidas para o seu maior cliente, a NASA.[12] Até recentemente, a NASA mandava um fax (sério) sempre que tinha uma dúvida, e uma vez por semana a SpaceX reunia uma equipe de cinquenta pessoas para abordar cada pergunta antes de responder. Com o uso de tecnologia colaborativa, agora a SpaceX deu à NASA visibilidade direta de cada projeto, e a entidade pode identificar os engenheiros da SpaceX que trabalham em cada componente. Assim, pode conversar diretamente com esses engenheiros e tomar decisões em tempo real. Essa colaboração permitiu à SpaceX reduzir em 50% o tempo médio de espera para definir as exigências dos produtos e eliminar a custosa reunião semanal de quatro horas.

O segredo de fazer as verificações induzirem menos ansiedade é pôr mais controle dessas conversas nas mãos dos funcionários. A ambiguidade cria ansiedade; assim, em vez de medidas subjetivas, use mapas individuais e por equipe para avaliar como as pessoas avançam no cumprimento das metas. Também torne as verificações regulares. Quando elas passam a ser uma parte esperada da vida profissional e não inspeções de surpresa, a ansiedade pelas prestações de contas se reduz substancialmente. Finalmente, quando os gestores se esforçam

130 | A ANSIEDADE NO TRABALHO

nas verificações para dar apoio em caso de problemas ou de prazos não cumpridos — e quando partem de um lugar de entendimento —, cria-se uma relação em que as pessoas sabem que serão responsabilizadas, mas de um jeito positivo e que o gestor está lá para ajudá-las a ter sucesso.

Método 5: Junte as pessoas

Outro método que ajuda os perfeccionistas a reconhecer a sua tendência e trabalhar para mudá-la é agrupá-los com funcionários que não tenham o problema.

Recebemos um exemplo fantástico de uma gestora com quem conversamos. Liz nos contou que Sara, uma das suas vendedoras, a enlouquecia com uma atenção desnecessária aos detalhes. Por exemplo, o relatório mensal de vendas de Sara era muito mais elaborado do que Liz precisava, com páginas de gráficos e tabelas do seu mix de vendas. Liz conversou com Sara em várias ocasiões para explicar que esses tipos de detalhes eram desnecessários e muito mais do que qualquer gestor conseguiria processar. Ela queria que a subordinada passasse mais tempo em telefonemas de vendas; as ligações de Sara estavam abaixo da média da equipe. Mas os meses se passaram e ela continuou entregando os relatórios daquele jeito. Quando questionada, dizia: "Não me importo. Ver as coisas desse jeito me ajuda." Na verdade, Sara não conseguia se conter.

Quando percebeu que precisaria de uma abordagem diferente, Liz aplicou uma estratégia que se mostrou mais eficaz. Quando viu que Sara se atolava em atividades desnecessárias no trabalho, juntou-a com parceiros menos preocupados com detalhes para que ela fosse forçada a aceitar o resultado "bom o suficiente" e cumprir a tarefa no prazo. Quando começou a ser elogiada pelo trabalho voltado à equipe e dentro do prazo, aos poucos Sara foi mudando. Liz também continuou a se reunir regularmente com ela para ajudá-la a ter mais autoconsciência. Em vez de desafiá-la a mudar, Liz convidou Sara a se envolver ativamente no treinamento e a pensar em maneiras de melhorar a sensação de urgência nos projetos e ver onde dedicar a maior parte do seu tempo.

Com paciência, disse Liz, o resultado foi uma vendedora que hoje tem mais confiança e autoconsciência e consegue fazer muito mais.

Método 6: Discuta a questão abertamente

Sabemos que conversar com os outros sobre questões tão pessoais quanto o perfeccionismo pode ser bem complicado. Mas, com a abordagem certa, uma discussão franca pode realmente abrir os olhos da pessoa para a situação e depois, com esse reconhecimento, avançar. Muita gente que sofre de perfeccionismo não percebe que é assim. Benjamin Cherkasky é um ótimo exemplo. Ele precisou de anos e de uma pós-graduação em orientação psicológica da Universidade Northwestern para identificar as suas tendências. A melhor maneira que encontramos de ajudar os funcionários a enxergar o problema e de ajudar os gerentes a conversarem com os membros de sua equipe sobre a questão foi admitir com gentileza que gostariam de acertar a situação e que isso era valorizado. Como discutir o problema de alguém que parece um tanto perfeccionista pode levar a pessoa à defensiva, a formulação é importante.

Vejamos essa típica conversa bem intencionada, mas potencialmente inflamatória, entre uma gerente e um funcionário:

> *Jared, você tem um alto padrão, como eu. Vejo que sempre tenta cuidar de todos os detalhes para que tudo esteja certíssimo. Isso pode ser bom. Mas, como quero que você progrida na empresa, vou lhe ensinar uma coisa. Aprendi que se concentrar em melhorar as coisas de 95% para 100% deixa você atolado. Você pode ficar tão concentrado em deixar algo perfeito que acaba lhe saindo mais caro do que passar para o projeto seguinte. Vou lhe dar um exemplo de quando vi isso em você recentemente...*

132 | A ANSIEDADE NO TRABALHO

Não é uma conversa horrível. Mas observe as diferenças sutis na fala a seguir (em negrito) e como a gerente personaliza a conversa e tira a culpa de Jared, passando-a para o problema em si.

> *Jared, você tem um alto padrão, como eu. Vejo que sempre tenta cuidar de todos os detalhes para que tudo esteja certíssimo. Isso pode ser bom. Mas, como quero que você progrida na empresa, **vou lhe contar uma coisa que tive que aprender.** Em geral, concentrar-se em melhorar as coisas de 95% para 100% **atola as oportunidades.** É fácil se concentrar tanto em deixar algo perfeito que **pode sair mais caro** do que passar para o projeto seguinte. **Vou lhe dar um exemplo em que você poderia ter aplicado essa lição.***

Nos dois exemplos, a gerente se identifica com Jared na mesma hora, mostrando um terreno em comum no problema. Ela lhe diz que entende de onde ele vem e explica que ambos têm padrão elevado. Ótimo. Isso cria uma sensação de conforto e conexão. Ainda assim, no primeiro exemplo acreditamos que a frase "vou lhe ensinar" põe um elefante branco na sala, indicando a Jared que a correção está por vir e que ele talvez precise proteger os seus sentimentos. Na segunda fala, quando diz "vou lhe contar uma coisa que tive que aprender", a gerente passa a ideia de que ela vai transmitir sabedoria obtida em ação, e a discussão é uma oportunidade de aprender e não de corrigir. Podemos imaginar que Jared se inclina à frente para ouvir melhor.

Do mesmo modo, no segundo exemplo, a gerente evita usar "você" e se refere ao problema com afirmativas como "é fácil se concentrar tanto" em vez de "*você* pode ficar tão concentrado". Não é um simples truque de semântica, mas uma parte importante de ajudar os membros da equipe a entender que a discussão é construtiva e que se trata de uma mudança de comportamento que ajudará o funcionário a aprender e crescer, não de uma condenação do seu valor em geral.

Nessas conversas, outra boa maneira de ajudar os perfeccionistas a aceitarem melhoras necessárias no trabalho sem deixá-los na defensiva é lhes pedir que proponham soluções, perguntando o que fariam de forma diferente no futuro para manter os projetos em dia ou tomar decisões mais rápidas.

Mesmo com esses métodos, contudo, os perfeccionistas podem se irritar com o *feedback* e jogar sobre os outros ou até sobre o gestor (você) o que veem como culpa. É claro que isso não é aceitável, mas é importante não esquecer que é um impulso automático. As pessoas que ficam defensivas podem ter passado por experiências negativas que as deixaram com medo de serem consideradas inadequadas. Para nós, como líderes, indicar que nos preocupamos com os sentimentos do funcionário pode deixá-lo mais seguro e baixar o tom da retórica, e assim reduzir a probabilidade de que ele critique no futuro.

No capítulo 6, apresentaremos uma metodologia que ajuda a dar *feedback* de um modo mais direto: Problema, Valor, Solução. Em vez de dizer algo como "você é negativo demais", é possível falar sobre um problema que você viu, como "quero conversar com você sobre o seu telefonema à ABC S.A. na quinta-feira". Então, você relaciona o fato a um valor central que está tentando incentivar na equipe: "Um dos nossos valores é criar um ambiente positivo uns para os outros e para os nossos clientes, e assim tentamos ser amistosos em todas as ligações." Finalmente, vocês encontram juntos uma solução para avançar. Se essa abordagem ainda provocar uma reação defensiva, então o gestor deve encerrar a discussão e passá-la para outro dia. Um simples "Por que não pensa sobre isso? Podemos nos encontrar novamente na semana que vem para conversar" talvez permita que a reação defensiva se reduza e o seu *feedback* seja compreendido.

RESUMO

- Há certos serviços em que a execução impecável é fundamental. O perfeccionismo não é a busca racional de acertar o que tem que estar certo; é o impulso corrosivo de parecer perfeito e, muitas vezes, de forçar os outros à perfeição.
- Estudos mostraram que os perfeccionistas têm nível elevado de estresse, esgotamento e ansiedade. Também podem passar tanto tempo aperfeiçoando ou decidindo o rumo a tomar que pouco realizam.
- Uma diferença fundamental entre o perfeccionismo insalubre e o esforço saudável é ser capaz de definir expectativas realistas e saber quando dizer "basta, já está bom".
- Para identificar quem tem tendências perfeccionistas, procure os que buscam orientação excessiva, não gostam de correr nenhum risco e tratam a maioria das decisões como questões de vida ou morte. Os perfeccionistas também tendem a ficar defensivos demais quando criticados e a se preocupar com os seus deslizes ou os erros dos outros.
- Uma série de métodos pode ajudar quem tem tendências perfeccionistas: 1) esclarecer o que é bom o suficiente; 2) compartilhar a sabedoria dos inovadores; 3) tratar os fracassos como oportunidades de aprendizado; 4) conferir regularmente o progresso; 5) juntar as pessoas; e 6) discutir a questão abertamente.

6

De evitar conflitos
ao debate saudável

AJUDE SEU TIME A ENCONTRAR A PRÓPRIA VOZ

Não levante a voz, melhore o seu argumento.

— Desmond Tutu

Uma queixa comum que ouvimos dos gestores é que hoje em dia boa parte do pessoal evita conflitos: foge de discordâncias, não sabe lidar com *feedback* franco e não se envolve em conversas difíceis. E não estamos falando apenas de um punhado de introvertidos. Alguns funcionários de elevado desempenho que entrevistamos admitem que se desviam de situações desagradáveis e evitam dar *feedbacks* francos.

Em geral, eles têm medo de perder o emprego.

Conflitos profissionais podem ser uma causa significativa de ansiedade para muitos trabalhadores, principalmente os mais jovens, mas o debate é inevitável e necessário. Dito isso, aceitamos que entre os colegas podem brotar brigas insalubres que perturbam a eficácia do trabalho em equipe. Os gestores devem atacar de frente as tensões mal-intencionadas, e os membros da equipe que provocam hostilidade deveriam ser treinados. Mas há uma grande diferença entre hostilidade e debate.

Connie Dieken, assessora da alta liderança, jornalista com vários prêmios Emmy e autora de *Become the Real Deal* [*Vire o artigo genuíno*], diz que o nível de confiança e transparência criado pelo líder faz muita diferença. "É fundamental que os líderes acertem nisso. O baixo nível de sinceridade na equipe provoca mau desempenho por defensividade, mágoa e ocultação de informações. Quando os líderes servem de modelo e estimulam a sinceridade atenciosa, as pessoas reagem dando as suas ideias e fazendo as suas perguntas de forma direta e franca, sem medo de repercussão ou julgamento."

No nosso trabalho de consultoria, nos surpreendemos com a quantidade de discordância e debate extenuante encontrada em grupos de trabalho de alto desempenho. Nessas equipes de muita confiança e sinceridade, os membros nos dizem que os debates são bem-vindos, promovem a solução inventiva dos problemas e podem ser muito motivadores. Afinal de contas, debatemos em todas as outras áreas da vida, não é? Descobrimos que, quando os membros da equipe têm liberdade de falar e sabem que a sua voz será ouvida, o engajamento e a segurança psicológica aumentam e, com o tempo, a autoconfiança e a noção de propriedade crescem. Já foi demonstrado que a troca intensa de pontos de vista rivais melhora o desempenho da equipe em numerosas frentes, principalmente por aprimorar o desenvolvimento de ideias novas e empolgantes.

Os melhores líderes se colocam à disposição e:

+ Incentivam um bom grau de discussão saudável em ambiente seguro.
+ Estabelecem regras básicas para o debate e incentivam que todas as vozes sejam ouvidas.
+ Desarmam as brigas com um processo calmante que traga ordem e segurança aos participantes.
+ Pedem aos membros da equipe que esclareçam a sua opinião com fatos quando examinam questões difíceis.
+ Criam planos e cronogramas claros para avançar depois da conclusão dos debates.

No entanto, para funcionários extremamente avessos a conflitos, ver o debate se formar pode ser perturbador, e isso pode fazê-los fugir ou ficar paralisados. Dieken acrescenta que algumas pessoas tentarão pôr panos quentes para evitar qualquer conflito: "Preferem cometer perjúrio a ter uma discussão desagradável. Em geral, são pessoas que gostam de agradar, perfeccionistas, extremamente ansiosas. Elas se esquivam para não ter que dar más notícias ou se calam por medo de que os outros não gostem delas ou lhes culpem." Outros que têm essa tendência recuam para o comportamento passivo-agressivo. Com medo de falar a verdade em grupo, preferem guardar para si as suas opiniões.

Para os avessos a conflitos, os membros da equipe que dão suas opiniões de forma agressiva ou com muita ênfase parecem ameaçadores. Para atenuar as tensões entre colegas, eles podem intensificar a própria ansiedade e assumir responsabilidades indevidas na tentativa de sufocar o debate. Por valorizar tanto a harmonia e os relacionamentos, em geral, se dispõem a sacrificar muita coisa, inclusive o próprio conforto mental, para assegurar que a relação permaneça intacta.

É possível que alguns usem essa abordagem na vida pessoal. Alguns amigos podem gostar deles por parecerem tão gentis, enquanto outros se aproveitam do modo como evitam conflitos. *Sei que Jacqueline é alérgica a gatos, mas ela vai cuidar de Félix enquanto viajamos. Ela é ótima.* Como a pessoa avessa a conflitos acha difícil dizer não e prefere que as pessoas não fiquem irritadas com ela, é comum que sofra abusos.

Do conflito à colaboração

Vale notar que o gerente pode identificar a diferença entre quem desempenha o papel saudável de construtor de equipes e o funcionário perseguido pela aversão a conflitos. Algumas dicas para ajudar a identificá-lo: se a pessoa foge de conversas difíceis, mesmo quando necessárias; se tenta mudar de assunto ou some do local quanto a situação fica tensa; se fica pouco à vontade nos debates nas reuniões e seções de *brainstorming*; ou se resiste a exprimir os seus sentimentos ou pensamentos nas reuniões, mas demonstra tendências passivas-agressivas depois ou se irrita porque a sua voz não foi ouvida.

140 | A ANSIEDADE NO TRABALHO

Quando perceberem a existência do problema das pessoas sempre tentarem evitar conflitos, os gestores podem fazer muita coisa para resolver e trabalhar com os funcionários para que se defendam. Também podem ajudá-los a reservar um tempo para pensar nas próprias opiniões antes de concordar com algo que viole os seus valores, além de defender as suas ideias quando questionados.

Dieken sugere que os líderes ajudem os funcionários a entender que pôr panos quentes na verdade é um ato egoísta e que "a sinceridade é um dom. Embora você queira poupar os sentimentos do outro, pôr panos quentes é uma tentativa superficial de parecer mais simpático. Quando se filtra as más notícias, você condena os outros. As pessoas farão avaliações melhores quando você lhes der informações corretas, mesmo que não sejam o que querem ouvir".

Em alguns casos, descobrimos que a cultura da equipe ou até da empresa inteira é de evitar conflitos, o que causa uma frustração incrível nos trabalhadores que gostariam que o grupo rompesse o *status quo*. Quando lideram em uma cultura assim, os gestores têm um papel vital para tornar mais inclusivas as discussões em grupo. Um líder que começou a adotar esse processo foi Darcy Verhun, presidente da FYi-doctors. Ele nos disse: "Agora, operamos com uma lente diferente, com reuniões pelo Zoom, e isso significa que nem todo mundo conseguirá participar verbalmente da conversa. Outro dia, durante uma reunião importante, tive a forte sensação de que não estávamos utilizando todo o poder intelectual do pessoal. Assim, quando estávamos terminando, parei e perguntei a cada pessoa na chamada: 'O que você está pensando sobre o tema e não disse?' Foi uma pergunta que mudou o jogo. Já tínhamos tomado a decisão, mas em dez breves minutos o que soubemos pelas respostas à minha pergunta resultou em mudanças que deixaram a decisão melhor e mais ponderada."

Verhun acrescentou: "Depois da teleconferência, recebi e-mails da equipe dizendo que, com aquela pergunta, demonstrei uma liderança poderosa por incluir todo mundo intencionalmente e ser receptivo às suas opiniões. Isso me fez perceber que toda a nossa equipe de líderes precisa se comportar da mesma maneira inclusiva em todas as decisões importantes. Assegurar que todas as vozes possam ser ouvidas ajuda os membros da equipe a lidarem com qualquer incerteza que tenham sobre uma decisão importante e a sentirem que fazem parte da solução."

Outro gestor que, na sua carreira, levou um ponto de vista inclusivo a vários papéis de liderança foi Mark Beck, que conhecemos quando era um líder importante da Danaher, empresa de ciência e tecnologia com setenta mil funcionários. Hoje, ele é dono de um grupo industrial de precisão, o B-Square Precision Group. Para incentivar o debate saudável, segundo Beck, ele pode ficar do lado de alguém cuja opinião está sendo atacada em uma reunião, mesmo que não concorde necessariamente com ela. Isso não é manipulação; serve para mostrar que a pessoa está oferecendo um modo sensato de pensar que deveria ser respeitado. "Em geral, o atacante recua um pouco e suaviza a voz quando o líder faz isso", diz ele.

Outra maneira de Beck assegurar que o seu pessoal continue a dar opinião: "Depois de apresentados todos os argumentos, o líder tem que tomar a decisão", disse ele. "É possível fazer isso de um jeito que não pareça que alguém venceu e alguém perdeu. O líder pode dizer: 'Os argumentos dos dois lados foram fantásticos. Entendo por que seria sensato seguir qualquer um dos caminhos. Mas precisamos tomar a decisão. Eis por que acho que devemos ir por aqui.' Assim, na próxima vez, as pessoas da equipe não terão medo de defender a sua posição. Ninguém vai achar que perdeu; cada membro da equipe saberá que o líder valoriza a sua contribuição sincera."

Evitando conflitos e pacificação

Com tudo isso, não queremos depreciar o papel do pacificador na equipe. A pacificação pode ser um patrimônio, não só no avanço da própria carreira como na equipe como um todo. No ambiente adequado, a pessoa cuja natureza é de evitar conflitos pode se tornar exatamente a que tem o importante papel de reconstruir pontes na equipe.

Admiramos o pensamento da dra. Emma Seppälä, de Yale, e do dr. Kim Cameron, da Universidade de Michigan, cuja pesquisa mostra que os funcionários que mais causam impacto positivo sobre o desempenho da equipe promovem conexões sociais com os colegas e a empresa, são extremamente empáticos, se esforçam para ajudar os outros e criam na equipe uma cultura segura que incentiva os membros a se exprimirem, mesmo quando as conversas são difíceis.[1]

O que Seppälä e Cameron descrevem como ideal, quando o debate é necessário, é ser meio pacificador, meio durão. É uma definição incrível e equilibrada, porque o papel de pacificador, se levado longe demais e motivado pelo desejo excessivo de evitar conflitos, pode causar muito desgaste emocional e ansiedade, principalmente pelas autocríticas. Várias pessoas que entrevistamos e que sofriam de ansiedade acentuada nos disseram que se sentiam culpadas por conflitos na equipe ou com a família em casa. É como se fracassassem por não conseguir criar paz e tranquilidade na vida dos que os cercam e resolver os problemas de todo mundo.

Outro problema que ocorre no trabalho: como precisam se esforçar tanto para conviver, essas pessoas podem se tornar um depósito de excesso de trabalho. Por exemplo, podem se oferecer para cobrir a folga de colegas estressados e isso lhes causar ainda mais ansiedade.

A grande ironia de muitas tentativas das pessoas que evitam conflitos é que, com frequência, isso intensifica sua ansiedade em vez de atenuá-la. Em geral, a aversão a conflitos é um sintoma do excesso de preocupação com o que os outros pensam e da crença profunda de não ser suficientemente bom ou de que ninguém vai gostar da pessoa a não ser que ela seja supersimpática. Mais razão ainda, portanto, para o líder garantir que todos os membros da equipe sejam incentivados a falar e que toda opinião é valiosa.

No outro lado disso estão as personalidades avassaladoras da equipe, capazes de criar tensão com a sua mera determinação. São pessoas

DE EVITAR CONFLITOS AO DEBATE SAUDÁVEL | 143

que parecem se alimentar de conflitos. Os grandes egos não podem ser ignorados (literalmente), e os gestores têm que intervir. É preciso criar limites (tais como não interromper quem fala durante uma reunião), dar aos outros o mesmo tempo e se dispor a cortar o tempo dos monopolizadores com firmeza e educação, e redirecionar a conversa. Também é importante fazer reuniões individuais com as personalidades dominantes para ajudá-las a entender por que é preciso ouvir todo mundo nos debates e também para deixá-las desabafar de vez em quando e pôr para fora todos os seus pensamentos e ideias sem ocupar o tempo precioso do grupo.

Geração Y e conflito

Os trabalhadores mais jovens, principalmente, podem ter dificuldades de interação pessoal e resolução de conflitos. Algumas pessoas mais novas admitem que preferem mandar mensagens de texto a alguém com quem tenham um problema do que falar por telefone ou cara a cara. O encontro presencial é pessoal demais para muitos dessa geração. Uma pessoa da geração Y que, ironicamente, trabalhava em uma loja de celulares nos disse: "Gostaria de desabilitar o telefone do meu celular."

Outra virada interessante da discussão sobre conflitos é que muitos trabalhadores mais jovens podem entender incorretamente a firmeza ou a discordância como uma repreensão, mesmo que a outra pessoa não tenha erguido a voz, nem demonstrado mau humor. Nas nossas entrevistas, um funcionário nos mostrou uma conversa fascinante por mensagens entre ele e o chefe, que estava na casa dos quarenta anos, para ilustrar. Ele recebeu a mensagem na noite de sexta-feira:

> **Chefe:** *Recebi o seu relatório.*
> **Funcionário:** *Está tudo bem com ele?*
> **Chefe:** *Ainda não olhei com atenção. Bom fim de semana...*

144 | A ANSIEDADE NO TRABALHO

O jovem funcionário supôs que havia algo errado com o relatório e disse que releu tudo várias vezes naquele fim de semana e até mandou ao chefe uma versão revista na noite de domingo. Temos de admitir que, para nós, a troca de mensagens pareceu bastante inócua. Anthony teve que traduzir para os seus coautores da geração X e do pós-guerra.

Ele explicou a reação do rapaz à primeira mensagem: "Nas mensagens de texto, um ponto final pode significar más notícias, e nesse caso foi entendido como 'fim da discussão'. Mas o maior problema foi que ele simplesmente não disse 'obrigado' nem 'bom trabalho por entregar no prazo'. Não houve nenhum *feedback*."

Quanto à segunda mensagem, ela foi ainda pior: "Qual a razão daquelas reticências sinistras? O que será que aconteceria depois do fim de semana?", perguntou Anthony. "Sem nenhum contexto não verbal para emoldurar a pontuação, o leitor ansioso pode interpretar facilmente as partes ambíguas da mensagem como desaprovação."

Ele continuou: "Ser repreendido não tem necessariamente nada a ver com volume. É sensação. 'Você está falando *contra* mim, não comigo.'"

Incentivamos o jovem funcionário a ter uma conversa (presencial) com o chefe sobre as mensagens, e depois ele nos disse que o gerente gostou sinceramente do *feedback* e disse que não fazia ideia de que as mensagens poderiam ser interpretadas daquela maneira. Na verdade, ele pensou que seria um incentivo ao jovem por ter cumprido o prazo. O chefe prometeu prestar mais atenção às mensagens no futuro.

Linda Gravett, psicóloga de Cincinnati, observa que "as empresas podem ajudar mais a geração Y — e todos os funcionários, aliás — se tratarem problemas geracionais como esse como questões de diversidade no local de trabalho. [...] Idade, formação, estilo de comunicação" são dimensões da diversidade, e precisamos pensar nelas dessa maneira.[2]

Deb Muller, presidente executiva da HR Acuity, observa que muitos trabalhadores jovens dão muito valor à harmonia e querem trabalhar em um lugar onde se *sintam* bem.[3] "Some a falta de comunicação presencial com o desejo elevado de harmonia e você terá um grupo inteiro de pessoas que, como muitos acreditam, são em essência extremamente avessas a conflitos." Ela sugere que os líderes tentem ajudar os membros da equipe a entender *por que* o conflito pode ser um instigador necessário da mudança para melhor. "Qualquer funcionário que enuncie preocupações verbalmente ou lide adequadamente com situações de conflito deveria ser incentivado e aplaudido."

Vimos gerentes que recompensam publicamente esses atos e também os incentivam. Por exemplo, se não conseguirem que ninguém da equipe se adiante e questione o *status quo*, pedirão a um funcionário ou dois que sirvam de contraste em reuniões, falando e discutindo com o chefe para mostrar que o debate é estimulado.

Finalmente, é imperativo que os gestores liderem pelo exemplo nesse processo, abrindo-se a novas ideias e se dispondo a aceitar desafios. Mas o dr. David B. Peterson, ex-diretor de treinamento e desenvolvimento de executivos da Google, nos disse: "Se você não for genuinamente curioso e não se dispuser a mudar de ideia, as pessoas vão descobrir. *Por que pede a nossa opinião? Você vai acabar fazendo o que quer do mesmo jeito.*"

Ele acrescenta que a maioria dos gestores *é* mais experiente, tem um ponto de vista mais amplo e está armada com mais informações, e soa falso pedir ideias que não vai usar. "Diante da complexidade, quando se olha a neblina e não há respostas, é aí que o diálogo, a conversa e o engajamento são realmente importantes", disse ele. Buscar *feedback* nessas ocasiões, além de gerar inovações verdadeiras, também cria um ambiente no qual todos se sentem valorizados e engajados.

A seguir, mais alguns métodos que os gestores podem usar para treinar os funcionários a encontrar a sua voz e elaborar os problemas com abertura e franqueza.

Método 1: Aborde Problema, Valor, Solução

Quando discutir qualquer tema difícil, descrever o *Problema* sucintamente ajuda: "Sam, você fez uma ligação de vendas à Landex." E é tudo. Você afirma os fatos que conhece e não complica a questão.

É claro que Sam pode assumir uma postura defensiva caso se sinta sob ataque pessoal, e é importante associar o problema à cultura que você deseja para a equipe. Assim, em segundo lugar você fala de um *Valor* da equipe que esteja em perigo. "Como a Landex está no meu território, acho que isso não está de acordo com o nosso valor de Trabalho em Conjunto." Sem o valor central de Trabalho em Conjunto, as ações de Sam estariam plenamente justificadas. Em terceiro lugar, vocês trabalham juntos em uma *Solução*. "Será que podemos fazer um plano para avançar com essa conta?" É útil avançar no fluxo do Problema ao Valor e dele à Solução. Se você pular à frente e começar a apontar que um valor foi violado, como "Sam, gostaria de lhe falar sobre o nosso valor de Trabalho em Conjunto", você pode criar ambiguidade e deixar variáveis que Sam preencherá como quiser. Ele tem que adivinhar o que você dirá em seguida, que pode ser negativo. Se você começar com os fatos, a parte preditiva da mente que provoca ansiedade não terá como trabalhar. Ou se você tentar resolver um problema sem uma discussão clara da questão e de como ela afeta os valores da equipe, como em "Sam, o que vamos fazer com a Landex?", talvez você nunca saiba a razão real das ações de Sam.

Método 2: Não adie

"Embora adiar uma conversa difícil possa trazer alívio temporário, as coisas fervem, os problemas se agravam e os projetos saem dos trilhos ou fracassam", diz Amy Jen Su, sócia-gerente da Paravis Partners, empresa de desenvolvimento de liderança.[4] Quando os próprios gestores exibem sinceridade e abordam os problemas imediatamente, com cuidado, empatia e objetividade, espalha-se na equipe que esse comportamento é adequado.

Além disso, quando trabalha com funcionários avessos a conflitos, a líder pode fazer o funcionário pensar no que aumentaria a confiança para lidar com o conflito imediatamente em vez de adiá-lo. O funcionário precisa de apoio durante a reunião ou ensaiar o que poderia ser dito? Já pensou nos objetivos da empresa que estarão em perigo se o problema não for enfrentado da forma apropriada?

Método 3: Atenha-se aos fatos

Os líderes deveriam ensinar os funcionários a fornecer os fatos ligados a questões preocupantes quando surge um conflito. "Quando nomeia, identifica eventos, descreve as situações e ilustra os comportamentos, o líder busca elucidação", escrevem os doutores Tim Porter-O'Grady e Kathy Malloch, autores de *Quantum Leadership* [*Liderança quântica*].[5] Uma das metas da solução de conflitos é garantir que todas as questões tangíveis estejam na mesa em termos tão claros que todos os participantes possam vê-las com nitidez. Quando os fatos são plenamente apresentados, é extraordinária a rapidez com que muitos conflitos se resolvem. Dito isso, verifique se o seu pessoal tem fontes exatas e relevantes para obter os fatos. Também os ajude a entender como você quer que pesquisem o problema que será discutido e debatido, e o que você considera fonte digna de crédito (como relatórios internos e revistas do setor) ou não (como Wikipedia e mídias sociais).

Método 4: Use as próprias palavras

Amy Edmondson, da Harvard Business School, nos disse que os gerentes devem ensinar o pessoal a ter coragem de "usar as próprias palavras" para transmitir o que veem, pensam, com o que se preocupam ou se precisam de ajuda. Ela disse: "Muitos líderes deixam de reconhecer as consequências do silêncio nos momentos em que as pessoas poderiam ter falado. A surpresa é a frequência com que o uso das palavras é impedido pela ansiedade interpessoal." Isso não significa que as reuniões devam se atolar em esclarecimentos e discussões intermináveis. As reuniões psicologicamente seguras não precisam ser mais longas. Mas os gerentes têm que demonstrar vulnerabilidade e admitir que não conhecem todas as respostas. Senão, as pessoas avaliam a situação da seguinte maneira: "Se fico com a sensação de que você não acha que seja um ser humano falível como todos nós, com certeza não vou botar o meu na reta." E ela acrescenta que isso significa que os líderes têm que fazer perguntas essenciais. "A maioria responderá a uma pergunta direta e genuína. Se você me perguntar o que penso, é muito esquisito eu *não* abrir a boca."

Método 5: Pressuponha a intenção positiva

Os líderes de equipes também podem ensinar ao pessoal que, quando se debate ou se enfrenta um problema difícil com os outros do grupo, é importante pressupor que todos têm a intenção positiva de fazer o que é certo para a empresa como um todo e que só veem as coisas de pontos de vista diferentes. Em resumo, tudo bem questionar os fatos ou as ideias de alguém, mas não os seus motivos. Escreveremos sobre um republicano no capítulo 8, para sermos justos, mas achamos que um exemplo incrível dessa ideia foi dado pelo democrata Joe Biden no elogio fúnebre ao republicano John McCain, em 2018.[6] Biden começou com essas palavras: "Sou democrata e amava John McCain. [...] Sempre pensei em John como um irmão, [e] tivemos muitas brigas de família." Biden observou que, quando ele e McCain eram senadores em início de mandato, considerava-se adequado questionar as avaliações da oposição, mas nunca as suas intenções. Disse que isso finalmente mudou e o partidarismo passou a ser a regra. "Hoje, só atacamos a oposição de ambos os partidos — os seus motivos —, não a substância do argumento. No último dia em que esteve no plenário do Senado, John brigava para restaurar o que chamamos de ordem regular, ou seja, tratar uns aos outros como fazíamos [...] [quando víamos] Teddy Kennedy e James O. Eastland brigarem loucamente sobre os direitos civis da população negra e depois almoçarem juntos, lá no restaurante do Senado."

Método 6: Faça um plano

Antes que as equipes ataquem um desafio, recomendamos que os líderes treinem os avessos a conflitos para planejar e ensaiar o que podem dizer, novamente com o foco em usar os fatos reunidos; por exemplo, você pode ajudar uma funcionária a se exprimir da seguinte maneira: "Tive de trabalhar sem parar até tarde da noite durante uma semana para cumprir o prazo porque você não fez a sua parte da pesquisa a tempo." Aqui, apresentar a preocupação às claras, com fatos sobre a quantidade de trabalho realizado, lança uma boa base para uma conversa sobre valores e soluções, e não sobre o problema em si. Outra parte é planejar o acompanhamento, mesmo que na primeira conversa tudo pareça bem. Afinal de contas, os envolvidos podem ter outras ideias, recordar a conversa mentalmente e mudar o ponto de vista ou conversar com outros e passar a criticar o resultado. A solução que todos achamos que era positiva pode começar a se deteriorar sem acompanhamento.

Método 7: Dê e tire

Os líderes devem ajudar os funcionários a entender que ceder é inevitável em qualquer debate e que a vitória final deve ser da equipe, não de um indivíduo. Porter-O'Grady e Malloch dizem: "Cada parte busca algo e, a menos que esse algo seja obtido ou cedido de boa vontade em troca de outra coisa, o conflito não terminará." Isso significa que cada lado precisa ser capaz de explicar claramente o que quer, e cada um deve sair do conflito sentindo que obteve algo de valor e que o outro lado recebeu algo aceitável. Isso não significa que todos obterão a mesma coisa ou exatamente o que queriam, mas deve ser suficiente para satisfazer os envolvidos, e o resultado tem que parecer o melhor para a organização como um todo.

Método 8: Fique confortável com o desconfortável

É claro que, apesar dos melhores planos, qualquer conversa difícil pode deteriorar em discordância, mágoa ou pessoas na defensiva. Os gerentes podem ajudar o seu pessoal a se preparar para esse caso e ensaiar alguns cenários possíveis, de modo que estejam prontos para o que ocorrer. Amy Jen Su, da Paravis Partners, diz: "Quando a situação se complicar, tome cuidado para não recuar, mudar sua mensagem na tentativa de desarmar a situação, nem começar a falar demais para preencher os silêncios ou tentar avançar com a conversa. É bom dar à pessoa tempo adequado para digerir o que você está dizendo." Assim, se o outro lado ficar defensivo ou emotivo, os líderes devem treinar as pessoas avessas a conflitos a reconhecer a tensão e propor uma pausa, em vez de fazer objeções. Os líderes também podem ajudar os membros da equipe, explicando o que dizer quando a situação ficar complicada nos debates, como: "Tudo bem, obrigado. Entendo o que você está dizendo. Isso me ajuda a conhecer o seu ponto de vista." Ou: "Pode me falar mais do que está por trás da sua abordagem para que eu entenda melhor?" Dessa maneira, as pessoas realmente escutam com a intenção de empatia, não para vencer, mas para compreender e atingir o melhor resultado para a equipe.

Agora junte tudo

Com esses métodos, os gerentes podem auxiliar o processo de provocar um debate saudável sem forçar os membros da equipe a mudarem quem são por dentro. Em parte, isso é ajudar as pessoas a entender que discordância não significa necessariamente uma guerra entre duas facções e que o debate não é um processo para provar quem está certo ou errado. O debate faz parte de uma cultura de trabalho saudável. Nele, você defende o que acha certo, ao mesmo tempo que se mantém aberto a aprender mais sobre o ponto de vista e a intenção dos outros (ou seja, é diferente das discussões hostis a que você pode ter assistido em noticiários ou em reuniões acaloradas de família, nas quais ninguém quer aprender nada novo, só impor o seu ponto de vista). Os debates saudáveis visam a assegurar que os problemas sejam enfrentados com franqueza para aprendermos uns com os outros e mapearmos o melhor curso previsível no futuro.

A escritora Liz Wiseman resumiu isso lindamente. Ela aprendeu a conduzir ótimos debates, não na época em que foi uma grande executiva da Oracle, mas com um grupo de alunos do terceiro ano do ensino fundamental. Ela se ofereceu para intermediar o chamado Grande Debate Júnior dos Livros da turma da filha na escola. "Os alunos do terceiro ano liam uma história; depois, os professores queriam que eles a discutissem. Achei que seria uma tarefa fácil, mas me mandaram fazer um dia de treinamento para aprender."

Wiseman disse que aprendeu as três regras do debate. Número um: a tarefa do líder é fazer a pergunta, mas nunca responder.

Número dois: peça provas. Por exemplo: "Quando uma das crianças disser que João subiu no pé de feijão porque era ganancioso, eu deveria perguntar: 'Você tem indícios disso? Pode provar?'. Nas primeiras sessões, as crianças ficaram apavoradas. Depois, aprenderam que não poderiam ter opinião sem algo que a embasasse. Assim, elas iam à página dezoito e indicavam que João roubou a galinha branca e a harpa dourada, e por isso acreditavam que sim, ele era ganancioso." (Gostaríamos que todo gerente anotasse essa ideia para facilitar as conversas e antes de tomar qualquer decisão.)

O número três, disse ela, é perguntar a todo mundo. Os instrutores ensinaram Wiseman a fazer uma tabela com o nome de todos os alunos e a marcar cada um sempre que a criança comentasse. "Fiquei pensando que conseguiria saber de cabeça. Mas experimentei e fez muita diferença. Pude dizer: 'Robert, já ouvimos você falar duas vezes, mas Marcus ainda não falou. Gostaríamos de saber o que ele pensa antes de avançarmos.' Isso permitiu que todos participassem."

Wiseman nos disse que as dicas do debate imediatamente fizeram dela uma líder melhor.

RESUMO

- Hoje, muita gente evita conflitos, foge de situações desconfortáveis e se esquiva de dar *feedback* sincero.
- Os melhores grupos de trabalho são lugares de elevada confiança e sinceridade em que os membros debatem para promover a solução de problemas. Quando os funcionários têm liberdade de falar e sabem que a sua voz será ouvida, o engajamento e a segurança psicológica aumentam e a autoconfiança e a noção de propriedade crescem.
- Os líderes facilitam isso incentivando o debate em um ambiente seguro. Estabelecem regras básicas e estimulam todas as vozes a serem ouvidas, acalmam as brigas, pedem que os membros da equipe esclareçam as suas opiniões com fatos e criam planos e cronogramas claros para avançar.
- Os gestores podem identificar os funcionários avessos a conflitos quando se afastam de conversas difíceis, tentam mudar de assunto ou fugir do local quando a situação fica tensa, se sentem pouco à vontade nos debates ou resistem a exprimir o que pensam e sentem durante as reuniões.
- Os métodos que os gestores podem usar para treinar os funcionários a encontrarem sua voz e trabalharem em conversas difíceis são: 1) abordar Problema, Valor, Solução; 2) não adiar; 3) ater-se aos fatos; 4) usar as próprias palavras; 5) pressupor a intenção positiva; 6) fazer um plano; 7) dar e tirar; e 8) ficar à vontade com o desconfortável.

7

Torne-se um aliado

FAÇA OS MEMBROS MARGINALIZADOS DA EQUIPE SE SENTIREM ACEITOS E VALORIZADOS

Ao reconhecer a humanidade do próximo, prestamos a nós mesmos o mais elevado tributo.

— Thurgood Marshall

Muita gente em papéis de liderança não entende direito que os vieses ainda ocorrem em nossa cultura do trabalho, e alguns, infelizmente, não acreditam que esses vieses existam e desdenham da questão como se as pessoas fossem excessivamente sensíveis ao politicamente correto. Mas, nas entrevistas para este livro, ficou muito aparente que há um padrão histórico de ansiedade em grupos específicos no trabalho — aqueles que, com frequência, são levados a se sentir como "os outros". Os que correm mais risco são as mulheres, as pessoas não brancas, as pessoas da comunidade LGBTQIAP+, as de minorias religiosas e as pessoas com deficiências (observe que essa não é uma lista completa). Cada um desses grupos enfrenta opressão incomparável no mundo em geral, que se espelha no local de trabalho com consequências significativas sobre a produtividade, o engajamento e o nosso sucesso organizacional.

Entender, como líderes, de que modo ser um aliado de todos os indivíduos e promover uma conversa diversificada e inclusiva é o começo da mudança.

Ao escrever este capítulo, não quisemos falar pelas vozes dessa comunidade e pelas ideias que têm. O que apresentaremos aqui são

156 | A ANSIEDADE NO TRABALHO

informações para abrir os olhos e ver de que modo a discriminação provoca concretamente, nos grupos marginalizados, ansiedade significativa no local de trabalho. Ressaltaremos as ideias de quem pertence a algumas dessas comunidades para ajudar os líderes a entenderem melhor como ajudar esses indivíduos a prosperar.

Nem toda ansiedade é igual

Os problemas de saúde mental não dão a mínima para raça, gênero ou identidade; qualquer um pode enfrentar o desafio da ansiedade. Mas as disparidades socioeconômicas — como a exclusão de recursos de saúde, educação, sociais e econômicos — contribuem frequentemente para a taxa de angústia psicológica de comunidades minoritárias. Por exemplo, de acordo com o dr. Thomas Vance, do Centro Médico Irving da Universidade Columbia, pessoas negras têm 20% mais probabilidade de apresentarem problemas graves de saúde mental do que outros grupos.[1] Mas só 30% das pessoas negras adultas com doença mental recebem tratamento anual, em comparação com a média americana de 43%.

De acordo com Vance, o aumento da incidência de dificuldades psicológicas na comunidade negra está ligado à falta de acesso aos recursos de tratamento adequados; ao preconceito e ao racismo no ambiente cotidiano; e a questões relacionadas a insegurança econômica, violência e injustiça criminal.

Igualmente esclarecedores são os desafios à saúde mental de pessoas lésbicas, gays, bissexuais, trans, queer e outras identidades da comunidade LGBTQIAP+, que também devem ser levados em conta pelos líderes. Só em 2020 a Suprema Corte dos Estados Unidos passou a oferecer um nível mínimo de proteção ao decidir que a Lei dos Direitos Civis de 1964 protegia os funcionários gays, lésbicas e trans de discriminação baseada em gênero.[2] É um tempo longo demais para esperar a proteção da lei, ainda mais em um grupo que constitui estimados 5% de todos os adultos que trabalham.

"O preconceito e a discriminação relacionados aos estigmas vivenciados pelas pessoas da comunidade LGBTQIAP+ constituem eventos cronicamente estressantes que podem causar resultado negativo na saúde", disse Cathy Kelleher, da Technological University Dublin.[3] Sua pesquisa verificou que o estresse do preconceito foi ligado à angústia psicológica de homens gays e mulheres lésbicas. Na verdade, a pesquisa mostra que até 60% das pessoas LGBTQIAP+ sofrem de ansiedade e depressão em algum momento da vida, nível duas vezes e meia mais alto do que o dos heterossexuais.

O dr. Brad Brenner, psicólogo de aconselhamento, diz: "Se você for LGBTQ, aposto que é muito bom em ler as situações para determinar até que ponto pode ser quem é com segurança. Essa habilidade tem um custo, porque se desenvolveu em resposta ao nível elevado e persistente de preconceito e discriminação. Muita gente passa a se considerar profundamente defeituosa, impossível de ser amada, sem valor e sem esperança."[4]

Os psicólogos chamam esse processo de "estresse de minoria", e estudos mostram que causa um impacto poderoso e duradouro na saúde mental, intensificado nos que sofrem com a ansiedade. O estigma é uma questão importante. Quando o funcionário não pode falar sobre quem é por dentro, há a probabilidade de que sinta mais ansiedade e inquietação todos os dias.

Na nossa entrevista com Dorie Clark, especializada em criação e manutenção de marcas e que escreveu extensamente sobre as questões LGBTQIAP+ na *Harvard Business Review*, ela explicou: "O estresse que cerca o ocultamento se torna extremamente perturbador e deixa a pessoa com menos energia para trabalhar. Como todo mundo que já passou pela escola sabe, quando é preciso se concentrar demais no que os outros pensam de você temos a receita perfeita da ansiedade."

Ela acrescentou que os gestores podem ajudar a desfazer essa preocupação. Adotar políticas antidiscriminação é fundamental, mas além disso os líderes das equipes podem falar pelos grupos marginalizados, iniciar conversas sobre inclusão com as equipes, tratar todas as queixas como graves (mesmo sobre problemas que pareçam menores) e investigá-las imediatamente.

"Os seres humanos são extremamente calibrados para captar mensagens de outros seres humanos. Quando escondemos alguma coisa, em geral os outros sabem", acrescentou Clark. "Podem não saber o que é, mas sabem que você parece reservado. Em geral, dizer que é gay — ou seja qual for a sua identidade — é a explicação mais inócua, porque as pessoas podem inventar um milhão de coisas ruins: essa pessoa é esnobe, se acha superior ou, pior, está fazendo algo errado e não quer que ninguém descubra."

Esconder a nossa verdadeira identidade não é um problema apenas para os que estão na comunidade LGBTQIAP+. O Centro de Liderança da Deloitte University revela que 61% de todos os funcionários escondem de algum modo parte da sua identidade.[5] Por exemplo, a mãe que trabalha pode não falar dos filhos para parecer mais "séria" quanto à carreira; o funcionário muçulmano procura um canto escondido do escritório para rezar, para que ninguém veja; ou um homem gay pode não mostrar fotos do parceiro no trabalho ou nas mídias sociais.

Quando os gestores criam culturas em que as pessoas se sentem à vontade sendo quem são, é possível obter um ganho drástico de desempenho, pois todos serão capazes de concentrar plenamente a atenção no trabalho. Sejam ou não parte de um grupo minoritário tradicional, os líderes da equipe deveriam ser capazes de contar pelo menos uma história de ocultamento da identidade em seu próprio comportamento para exibir vulnerabilidade.

Porém, observe que, em tudo isso, ninguém quer ser definido por uma única dimensão da sua identidade, como "o negro" ou "o gay". Isso também significa que os gestores não devem pedir aos indivíduos que deem opinião representando todo o seu grupo. As pessoas LGBTQIAP+, muçulmanas ou negras não são um monólito. Afinal de contas, ninguém pensaria em perguntar: "Jerry, você é branco; o que os brancos pensam desse produto?" Os gestores podem ajudar reconhecendo que todos são diferentes e que essas partes só representam uma fração de quem somos.

Ah, em tudo isso nada jamais dará aos gestores permissão de "tirar do armário" as pessoas que ainda não estão prontas.

"Não vejo cor"
(e outras coisas estúpidas que dizem por aí)

Howard Schultz, ex-presidente executivo da Starbucks, disse em um evento que não vê cor quando se trata de raça.[6] Ele afirmou: "Como cresci em um ambiente muito diversificado em um projeto habitacional, eu não via a cor quando criança e, francamente, não vejo a cor agora."

A ativista Franchesca Ramsey explica: "As pessoas que dizem isso em geral são bem-intencionadas; querem que saibamos que são tããããão antirracistas que nem concebem uma realidade em que o racismo exista. Mas na verdade o que estão dizendo é que a *identidade* racial é ruim, não que a *opressão* racial seja ruim. E sugerem que a experiência das pessoas não é válida — ou, simplesmente, não é real. Se você usa óculos e eu disser 'nem mesmo vejo os meus óculos', isso não significa que, de repente, você ficou com visão perfeita; só significa que estou em negação. Ou talvez eu também precise de óculos."[7]

As declarações que negam a existência da questão são problemáticas para as iniciativas de diversidade e inclusão, diz a dra. Janice Gassam, autora de *Dirty Diversity* [*Diversidade suja*].[8] "Quem é capaz de enxergar consegue discernir e reconhecer as cores de pele. Como consertar o que você não acredita que consiga ver? É importante entender que a meta não é ficar cego à cor da pele das pessoas. Na verdade, a meta é ver e reconhecer a cor da pele, mas controlar e regular o impulso de tomar decisões com base nessa característica", acrescentou.

É claro que Gassam está certa. Todos vemos a cor. Vemos altura e peso. Lembramos quando alguém nos diz que faz parte da comunidade LGBTQIAP+ ou de um grupo religioso minoritário. Temos de reconhecer que cada um de nós tem noções e expectativas preconcebidas sobre diversos grupos de pessoas. Fingir que não vemos a diferença demonstra falta de empatia e ignora que certos grupos ou indivíduos estão sendo alienados. O viés implícito é algo que não deveríamos ter medo de reconhecer em nós e, na verdade, deveríamos buscá-lo para desaprender as expectativas.

Dois importantes estudiosos do viés implícito, os psicólogos sociais Mahzarin R. Banaji e Anthony G. Greenwald, falam sobre isso no livro *Blindspot: Hidden Biases of Good People* [*Ponto cego: vieses escondidos de boas pessoas*].[9] Eles dizem que o viés implícito afeta as pessoas que dizem, com franqueza, que se horrorizam com esse tipo de atitude. Eles se referem a um estudo do Pew Research Center. Com um teste de velocidade computadorizado, os pesquisadores descobriram que somente 20% dos americanos de origem asiática que fizeram o teste e apenas 30% dos adultos brancos que participaram não demonstraram nenhuma preferência racial subconsciente por brancos ou asiáticos. Quando mediram a preferência entre brancos e negros, só 27% dos adultos brancos e 26% dos adultos negros não demonstraram viés implícito.

Em uma versão desse teste, os pesquisadores pegaram imagens de estadunidenses famosos de origem asiática, como Connie Chung, Michael Chang e Kristi Yamaguchi, e estrangeiros brancos como Hugh Grant, Katarina Witt e Gérard Depardieu e mediram o tempo dos participantes que os ligaram a símbolos estadunidenses e estrangeiros. Eles descobriram que as pessoas achavam muito mais fácil associar Hugh Grant a símbolos estadunidenses do que Connie Chung. "Isso mostra que a categoria 'estadunidense' é profundamente branca na cabeça de muita gente", disse Banaji.

Os vieses implícitos se desenvolveram a partir da necessidade humana de processar informações rapidamente para tomar decisões em frações de segundo; o cérebro usa atalhos o tempo todo para encontrar conexões entre os dados que recebemos. Quando atravessamos a rua, por exemplo, e vemos um borrão em movimento com o canto do olho, o cérebro logo conecta isso a um carro que se aproxima e pulamos para fora do caminho. Uma vida salva. Infelizmente, os vieses implícitos podem causar estereótipos prejudiciais quando aplicados a pessoas. Em um único exemplo, é extremamente comum que as mulheres sejam percebidas, de forma subconsciente, como menos capazes em papéis tradicionalmente masculinos, como a programação de computadores. A mulher pode perceber a hesitação do entrevistador e começar a sentir menos confiança em si, mudando o rumo da entrevista.

Apesar das nossas melhores intenções e sem percebermos, os estereótipos e pressupostos podem se infiltrar na mente com muita facilidade e afetar nossas ações, mesmo que estejamos muito decididos a sermos justos e objetivos. Isso é tão prevalente que hoje 20% das grandes empresas americanas oferecem aos funcionários treinamento de viés implícito, e metade das empresas dos Estados Unidos diz que vai oferecê-lo nos próximos anos. Recentemente, a Starbucks fechou todas as lojas nos Estados Unidos para treinamento obrigatório em viés implícito para todos os funcionários.[10] É um bom começo. Quando não são abordados, os vieses afetam a confiança e as relações de trabalho, prejudicam diversas iniciativas de inclusão e recrutamento de talentos e causam impacto sobre as oportunidades de promoção e desenvolvimento profissional.

Derek Lundsten, presidente do conselho e presidente executivo da LifeGuides, acredita que ser diferente deveria ser uma coisa boa. "Não é preciso ser uma pessoa racializada, ter certa identidade ou determinado gênero para se sentir excluído. Nas empresas, parte do que nós, como líderes, precisamos criar é um ambiente em que as nossas diferenças sejam celebradas. É isso que torna o trabalho interessante e empolgante: os históricos, ideias e abordagens diferentes."

Quando conversamos com indivíduos de comunidades marginalizadas, algumas coisas que eles queriam que os gestores entendessem sobre o ataque ao viés eram: 1) não tente convencer alguém de um grupo marginalizado de tudo o que deu errado em sua vida para se identificar melhor com os problemas da pessoa (você era pobre, os seus pais morreram, você tem um transtorno de aprendizagem etc.) — isso não é uma competição; 2) não tente contribuir dizendo que a sua filha é lésbica ou que você tem muitos amigos negros; 3) mostre compaixão, mas não fique "chocado" com o racismo e outras formas de preconceito — se ficar, você vinha ignorando de forma ativa o que acontece porque não o afeta diretamente. 4) não fale da sua consciência do problema — mostre-a (chegaremos a isso em um minuto).

Katie Burke, diretora de pessoal da HubSpot, diz: "Aliança é uma ação e começa com uma combinação de autoconsciência e empatia. É preciso adotar a mentalidade de estar sempre aprendendo, crescendo e melhorando o modo como você defende e protege os outros. É um compromisso vitalício de construir relacionamentos baseados em confiança, constância e responsabilidade com grupos ou indivíduos marginalizados."[11]

A nossa responsabilidade como líderes é assegurar que quem precisa de apoio não se sinta sozinho, acrescentou Terry Jackson, PhD, treinador de executivos e presidente executivo do Jackson Consulting Group. "Todo dia, os seus funcionários lidam com questões sociais. Essas questões impactarão a produtividade e o nível de engajamento dentro da empresa. Se você for um líder com inteligência emocional, entenderá o que acontece na comunidade que afeta os seus funcionários vulneráveis. Se não abraça essas questões, discutindo-as e tentando resolvê-las, você vai acabar no lado errado da história, porque estamos no ponto de virada em que todos se dispõem a se engajar no que é certo para a humanidade."

Basicamente, para fazer o que Jackson sugere, os líderes devem começar acreditando nas pessoas que se dizem feridas pelo racismo, pelo machismo ou por outras formas de discriminação. Os protestos de 2020 do movimento Black Lives Matter, por exemplo, não brotaram do nada. Eles expuseram uma ferida ignorada há muito tempo nos Estados Unidos: somos uma nação ainda marcada pela desigualdade. Como líderes que se preocupam com o seu pessoal — com a sua vida e experiências emocionais —, precisamos nos apoiar mutuamente. Afinal, ser o "único" de qualquer grupo pode ser solitário e isolador, principalmente quando ninguém o protege, quando ninguém acredita nos desafios que você enfrenta todo dia.

"Conforme mais e mais empresas tentarem construir uma força de trabalho mais diversificada e inclusiva, uma das dinâmicas que precisarão mudar fundamentalmente é quem fala sobre as questões de pertencimento", disse Burke, da HubSpot.

E quem é esse? O líder.

A real liderança

Rosabeth Moss Kanter, professora da Harvard Business School, disse: "É preciso coragem para falar contra a complacência e a injustiça enquanto os outros ficam em silêncio. Mas liderança é isso."[12] A triste verdade é que esperamos que pessoas sub-representadas falem por si sobre as injustiças. Em geral, os colegas e os gestores não acreditam nelas. Pior, ficam belicosos. Como líderes, não passamos tempo suficiente pensando em como abordar as microagressões que acontecem todo dia no local de trabalho e afetam profundamente as pessoas marginalizadas.

Por definição, as microagressões são preconceitos que se revelam de maneira geralmente sutil e deixam as pessoas pouco à vontade ou ofendidas. Elas variam do ofensivo (o homem negro que nota a mulher branca se encolher quando ele entra no elevador, ou a mulher que tenta falar em uma reunião, mas não consegue dizer nada para os colegas homens) ao bizarro (o homem gay que escuta que ele deve "amar Barbra Streisand" ou o cadeirante que ouve em tom de brincadeira: "Vá com calma, piloto.") Uma jovem amiga nos explicou que, quando era monitora acadêmica em uma universidade local, o professor a apresentava à turma com comentários como "quero que vocês todos gostem da aula, então trouxe um rostinho bonito". Ela sabia que não havia má intenção, mas o comentário aumentava muito a sua ansiedade e a deixava insegura da sua capacidade. Na verdade, ela era uma pesquisadora e professora competente, mas o comentário do professor a enquadrava em primeiro lugar como coisa a ser olhada. Em vez disso, pense em como a nossa amiga se sentiria engajada se o professor a apresentasse com comentários brilhantes sobre a sua pesquisa e as suas realizações educacionais.

Esse tipo de comportamento de violência nos detalhes é desdenhado com muita frequência, e os alvos são chamados de "sensíveis demais". Contudo, pesquisas mostram que as microagressões cobram um alto preço psicológico da saúde mental dos destinatários, causam raiva e depressão e reduzem a produtividade no trabalho e a capacidade de resolver problemas. Um estudo da Universidade Marquette revelou fortes indícios de que as microagressões, além de causar nível elevado de trauma e depressão, também provocam pensamentos suicidas nos afetados.[13]

A seguir, alguns métodos que nos foram oferecidos por vozes poderosas de comunidades marginalizadas e de seus aliados para ajudar os que estão de fora a serem valorizados e incluídos em qualquer equipe.

Método 1: Escute

"Se alguém tiver coragem e bravura suficientes para dividir com você a sua experiência e o seu ponto de vista único, honre isso. Amplie. Crie espaço nas reuniões da sua equipe, na sua empresa, na sua marca", diz Burke, da HubSpot. Isso significa escutar essas experiências.

Evelyn Walter, diretora executiva e líder de RH da unidade norte--americana da Cummins, empresa de motores e geração de energia, buscou escutar mais depois dos protestos do movimento Black Lives Matter em 2020. Empresa que está entre as quinhentas maiores da revista *Fortune*, com sessenta mil funcionários no mundo, a Cummins tem seis valores básicos, e um deles é diversidade e inclusão. Portanto, quando as manifestações começaram, Walter nos disse que se sentiu apoiada pela empresa a mandar um cartão manuscrito a todos os funcionários negros da equipe.

"Recebi aprovação para usar os endereços residenciais e escrevi um bilhete longo dizendo que queria apoiá-los", disse ela. "Perguntei o que poderia fazer por eles e suas famílias. Na sexta-feira, eu estava no carro com o meu marido e nossas filhas e recebi um e-mail de uma mulher chamada Mercedes. Ela é incrivelmente positiva, o tipo de pessoa que transforma limão em limonada todo dia. A principal mensagem era que ela agradecia a atenção específica a ela e à família. Ela disse: 'Vi a sua liderança e sei que é sincera'. Foi gentil, mas também preocupante, porque obviamente ela conhece outras pessoas que podem não ser genuínas."

Walter acrescentou que o ato de escrever dezenas de bilhetes em uma manhã de sábado a levou a criar mais conexões. "Quis encontrar mais gente para entrar em contato. E os meus funcionários de origem latina? E os membros da equipe que são gays? Foi o que isso criou em mim."

Burke, da HubSpot, ampliou essa ideia. Ela foi a patrocinadora executiva da comunidade LGBTQIAP+ na empresa, mas conhecia pouco da experiência dos funcionários trans e não sabia direito como lhes dar apoio. Ela passou algum tempo pesquisando a questão e horas escutando colegas trans que admirava. Com isso, aprendeu mais sobre a preferência no uso dos pronomes, o processo de transição e como poderia ser uma colega, amiga e líder mais acolhedora.

Admitir que não sabe todas as respostas e ser vulnerável a ponto de abordar de forma proativa suas áreas de desconhecimento é uma parte fundamental do papel de quem deseja ser um aliado. Sim, a maioria de nós cometerá alguns erros no processo — somos todos humanos —, mas com a escuta e a educação começaremos a entender como ajudar melhor aqueles cuja vida tocamos.

Método 2: Patrocine

Karen Catlin, autora de *Better Allies* [*Aliados melhores*] e ex-vice-presidente de engenharia da Adobe, contou que, no início da carreira, trabalhou em uma empresa de software que foi adquirida por outra maior.[14] "Nos primeiros meses depois da aquisição, notei uma coisa. Meu novo gerente, Digby Horner, que era da empresa maior há muitos anos, dizia coisas nas reuniões como: 'O que aprendi com Karen foi...' Com isso, ele me ajudou a construir credibilidade com os novos colegas. Ele atuou como aliado e usou a sua posição de privilégio para me patrocinar. As falas dele fizeram a diferença, e é claro que me senti ótima."

Com isso, aprendemos duas coisas. Primeiro, Digby Horner é um nome superlegal. Segundo, e mais pertinente, quando assumem o papel de patrocinadores, os aliados apoiam às claras o trabalho de colegas de grupos sub-representados em todos os contextos e, especificamente, em situações que ajudarão a promover a sua reputação. Não pode ser uma puxação de saco; tem que ser uma promoção franca da competência das pessoas.

Para os líderes, a meta é apoiar e promover pessoas de grupos geralmente marginalizados. Por exemplo, há vários anos pedem a Adrian que faça palestras sobre cultura corporativa do Women's Foodservice Forum, um grupo do setor alimentício com a meta de promover mulheres líderes. Três mil pessoas vão todo ano ouvir mensagens de luminares como Brené Brown e Maya Angelou. Adrian se inspirou nos frequentadores e achou significativo que cerca de 10% deles são homens em cargos de alta liderança, que estão lá para aprender e defender as mulheres para que tenham mais sucesso nas suas empresas. Esses homens não são benfeitores bonzinhos, mas líderes sábios que investem e confiam intencionalmente na capacidade das suas protegidas de conquistar grandes coisas para a empresa.

Método 3: Mostre-se

Os bons aliados não se escondem nas sombras, diz Isaac Sabat, professor-assistente de psicologia organizacional da Texas A&M University.[15] Em vez disso, eles mostram o seu apoio com ações, até mesmo com coisas aparentemente pequenas como comparecer a eventos, fazer comentários no software de comunicação interna ou colar adesivos nos seus cubículos. Ele disse: "A pesquisa mostra que confrontar o mau comportamento na hora que acontece — reagir à observação insensível de alguém ou chamar a atenção para a falta de representatividade na sala — pode ser mais eficaz quando vem de um aliado." Por exemplo, quando uma pessoa racializada denuncia uma microagressão, os outros colegas podem ver esse ato como mimimi ou egoísmo, mas quando os aliados iniciam um confronto semelhante, em geral os outros o consideram objetivo.

"Quando sinaliza a sua identidade de aliado, você mostra aos outros que os apoia e que está lá para ajudar se houver problemas." Porém, Sabat observa que se apresentar uma vez só não basta e que a aliança é uma jornada que cresce durante a carreira do líder. "Esteja aberto a críticas e *feedback*", acrescenta ele. "Se alguém lhe chamar a atenção para o modo como você [reage a uma situação] ou quando você disser algo problemático, esteja aberto a aprender e crescer."

Método 4: Defenda

Susan Wojcicki, presidente executiva do YouTube, diz que abordar os desequilíbrios exige que os que têm poder e influência ofereçam o seu privilégio.[16] Por exemplo, diz ela, "em toda empresa há muita gente, dos líderes aos gerentes recém-promovidos, com poder de elevar as mulheres no local de trabalho". Um dos que defenderam Wojcicki foi Bill Campbell, treinador de executivos superastros da tecnologia. "Soube de uma conferência importante, só para convidados, que reuniria os principais líderes de mídia e tecnologia, mas o meu nome ficou fora da lista", disse ela. "Muitos convidados eram colegas meus [outros presidentes-executivos de tecnologia], ou seja, o YouTube não seria representado quando planos e negócios fossem feitos. Comecei a questionar se meu lugar seria mesmo naquela conferência. Mas, em vez de deixar pra lá, procurei Bill, que eu sabia que tinha muita influência. Ele reconheceu imediatamente que eu tinha um lugar legítimo no evento; em 24 horas, ele fez mágica e recebi meu convite."

Quando assumem o papel de defensores, os aliados usam a sua influência para levar os colegas de grupos sub-representados a novos círculos. Responsabilizam os colegas de liderança pela inclusão de colegas capacitados de todos os gêneros, raças, etnias, capacidades, idades, formatos e tamanhos de corpo, religiões e orientações sexuais; orientam ativamente os que são de grupos sub-representados e os apresentam às pessoas da sua rede. Isso significa que não são mentores apenas nos bastidores, mas defensores públicos daqueles que estão orientando. Eles sentem uma satisfação incrível em identificar os talentos diversificados de elevado potencial, lhes dão papéis desafiadores e os ajudam a superar os obstáculos. Acham que esse tipo de comportamento de mentoria não é bom apenas para o protegido, mas para o líder e para a empresa.

RESUMO

- Há um padrão histórico de ansiedade em grupos específicos no local de trabalho — aqueles que, com tanta frequência, são levados a se sentir "os outros". Causam preocupação específica as mulheres, as pessoas racializadas, as pessoas da comunidade LGBTQIAP+, as pessoas de minorias religiosas e as pessoas com deficiência.
- Muitos dessas comunidades têm que esconder a sua verdadeira identidade. Mas, quando os gestores criam culturas em que as pessoas se sentem à vontade sendo quem são, é possível obter um ganho drástico de desempenho, pois todos são capazes de concentrar a sua atenção no trabalho.
- Muitos líderes não entendem o nível de viés implícito que ocorre na nossa cultura de trabalho. As microagressões são preconceitos que se revelam de maneira geralmente sutil e deixam as pessoas se sentindo pouco à vontade ou ofendidas. Podem cobrar um preço psicológico da saúde mental dos destinatários e reduzir a produtividade no trabalho e a capacidade de resolver problemas.
- Entre os métodos para ajudar os marginalizados a se sentirem valorizados e incluídos em qualquer equipe, estão: 1) escutar; 2) patrocinar; 3) mostrar-se; e 4) defender.

8

Transforme exclusão em conexão

AJUDE A CONSTRUIR LAÇOS SOCIAIS

A maior gentileza é a aceitação.

— Christina Baker Kline, romancista

Em um trabalho fascinante feito na Universidade Cornell, os pesquisadores constataram que o corpo de bombeiros tem melhor desempenho — e salva mais vidas — quando os bombeiros fazem as refeições juntos.[1] "Comer junto é um ato mais íntimo do que olhar junto uma planilha do Excel. Essa intimidade transborda para o trabalho", diz o dr. Kevin Kniffin, principal autor do estudo. Na verdade, os pesquisadores notaram que os bombeiros das unidades em que todos jantavam sozinhos geralmente ficavam sem graça quando lhes perguntavam por quê. "Basicamente, era um sinal de que havia algo mais profundo no modo como o grupo trabalhava", disse Kniffin.

Para os bombeiros, comer juntos é um grande sinal de que todos são aceitos. Não estamos sugerindo que todas as equipes saiam correndo para o mesmo restaurante quando der a hora de almoço todo dia; mas, depois de vinte anos trabalhando com empresas do mundo inteiro, podemos atestar que buscar maneiras de incluir todo mundo faz muito bem ao desempenho da equipe. Em contraste, a exclusão provoca insatisfação no emprego e alta rotatividade de funcionários.

Provavelmente, todos já ficamos de fora em algum momento da vida; isso traz lembranças desagradáveis dos tempos de escola. Embora muito se tenha escrito sobre o *bullying* no trabalho como algo muito preocupante para a saúde mental dos funcionários e a coesão da equipe, pesquisas mostram que a exclusão pode ser igualmente tóxica para o nível de ansiedade e não recebe, nem de longe, a mesma atenção. "Sentir FOMO — *fear of missing out* ou medo de ficar de fora — e ser excluído no trabalho lançam uma sombra escura na vida", diz a professora Sandra Robinson, da Universidade da Colúmbia Britânica.[2] Isso porque, como seres humanos, sentimos uma forte necessidade de pertencer ao grupo. A pesquisa de Robinson indica que 71% dos profissionais vivenciam algum grau de exclusão da equipe, mesmo antes que a pandemia de coronavírus isolasse tanta gente. "O ostracismo no local de trabalho pode ter consequências psicológicas de longo prazo", acrescenta ela.

A exclusão causa impacto em todos e pode ser um fator enorme de ansiedade. Como líderes, um passo à frente na consciência da inclusão é entender que, quando os membros da equipe rejeitam ou esnobam outros funcionários, estes podem sentir que não são plenamente aceitos nem respeitados pelos colegas. Em geral, essas ações são insidiosas e sutis: telefonemas não retornados, reuniões para as quais alguns não são convidados, convites para almoçar que nunca são feitos. Esse tipo de ostracismo não afeta apenas o moral; pode afetar a produtividade do indivíduo e a capacidade da equipe de cumprir as metas.

O que não está acontecendo... e o que está

Em alguns casos, a exclusão não é intencional, e pode ser complicado perceber ações involuntárias. São os pecados da omissão: o resultado da ajuda *não* oferecida, das conversas *não* acontecidas, da camaradagem *não* compartilhada. Como os gestores veriam o que *não* está acontecendo?

Na verdade há muito que os líderes de equipe podem fazer para incentivar a inclusão; por exemplo, olhar atentamente qualquer um da equipe que pareça deixado de lado (importantíssimo quando parte ou toda a equipe trabalha remotamente), qual pessoa é regularmente deixada de fora nas discussões em grupo, quem conversa regularmente com quem e quem parece não interagir com ninguém. Com a observação, o gestor obtém consciência e percepção. Mas as conversas individuais regulares provavelmente são a melhor maneira de entender o que realmente está acontecendo: pergunte sobre a interação das pessoas com os outros membros da equipe e se há dificuldade com alguma personalidade específica.

Na FYidoctors, os médicos e líderes de equipe seguem o chamado Compromisso Dez-Dez em suas clínicas de optometria, laboratórios e departamentos em *home office*. "Nos dez primeiros minutos do dia, os líderes dão uma volta e perguntam aos membros da equipe como estão, com um alô amistoso e sem nenhuma pauta a não ser dar boas-vindas ao dia", disse o presidente Darcy Verhun. "Cabe aos líderes fazer isso para demonstrar liderança e preocupação visíveis. São dez minutos no início do dia e mais dez minutos no fim, para ver como foi o dia de todos. Fico espantado com o poder de uma simples verificação."

Verhun acrescentou: "Essas verificações não servem para a equipe ouvir a história do líder, mas para os líderes se conectarem e ouvirem as histórias dos membros da equipe. Recebemos muito *feedback* positivo da equipe sobre esse compromisso da liderança e descobrimos que ele reduz a ansiedade."

Mesmo que percebam a exclusão, os gestores ainda precisam de abordagens específicas para ajudar o seu pessoal a deixar de se sentir isolado e passar a se sentir conectado e aceito. Não sugerimos necessariamente que arraste todo mundo para o karaokê nem que dê uma festa toda sexta-feira, mas algumas ideias que podem ajudar prontamente são:

- Garantir que todos os membros da equipe contribuam nas reuniões e tenham sua voz ouvida de maneira calma e organizada.
- Juntar recém-contratados com funcionários mais experientes com quem possam estabelecer uma ligação (isto é, funcionários experientes *amistosos*).

174 | A ANSIEDADE NO TRABALHO

+ Reservar um tempo em todas as reuniões para reconhecer a contribuição dos indivíduos e do grupo como um todo.

+ Fazer o máximo esforço para que os trabalhadores remotos se sintam plenamente aceitos — por exemplo, mesmo que alguns trabalhem no escritório, de vez em quando peça a todos que participem de reuniões por meio eletrônico. Também leve o pessoal remoto ao local de trabalho regularmente.

A seguir, mais alguns métodos usados com ótimo resultado por líderes que entrevistamos e com quem trabalhamos para aumentar a inclusão e fortalecer as equipes.

Método 1: Crie camaradagem

Ryan Westwood, presidente executivo da Simplus, nos contou que se sentiu afetado quando realizava uma reunião pessoal por teleconferência com uma funcionária remota durante a pandemia. "Ela me disse, em prantos: 'Não recebo um abraço há três meses.' Os filhos adultos moram em outros estados. Fiquei de coração partido. Precisamos ter consciência dos nossos colegas e da sua situação, ainda mais quando as pessoas trabalham remotamente."

Assim, a sua empresa criou regiões geográficas para os seiscentos funcionários. Nas áreas com pelo menos dez pessoas, os funcionários recebem um orçamento para "projetos de serviço, jogar boliche, fazer o que quiserem". Westwood acrescentou: "Não temos um líder pairando sobre essas reuniões. O objetivo é que as pessoas se conectem genuinamente como quiserem. Descobrimos que a felicidade dos funcionários e o seu NPS (*net promoter score*, pontuação líquida de promotores) subiram bastante com esse pequeno orçamento."

No caso de outro cliente nosso, uma equipe nova se formou durante uma reorganização. O grupo consistia de pessoas que nunca tinham trabalhado juntas, com históricos e experiências variados. Elas deveriam prestar serviço de suporte a várias divisões da empresa, ou seja, ficariam fora do escritório quase todo dia. A líder sabia que esse ambiente seria propício aos sentimentos de exclusão e ansiedade, e iniciou algumas atividades simples que criaram espírito de grupo e promoveram a inclusão.

Ela reunia a equipe no escritório toda quinta-feira de manhã cedo, sem falta, para ver como ia o trabalho, analisar a carga e equilibrar tarefas e encontrar maneiras de ajudar uns aos outros (durante a pandemia, as reuniões viraram teleconferências). As reuniões não passavam de uma hora, e ela garantia que nenhuma voz dominasse, mas também não deixava ninguém ficar calado. Por respeito aos que se sentissem ansiosos de falar em público e para que ninguém se sentisse *forçado* a subir no palco, ela passava alguns minutos do dia, antes de montar a pauta, explicando a cada membro da equipe as informações específicas que lhe pediria que transmitisse ao grupo. Além de deixar os funcionários introvertidos mais à vontade com o seu papel na discussão, pois tinham tempo para se preparar, a reunião inteira corria mais tranquilamente.

Durante as sessões, ela seguia um formato em rodízio no qual cada um tinha a sua vez de dizer o que pensava. As reuniões talvez não tivessem a empolgação caótica de algumas sessões de *brainstorming*, mas o pessoal ansioso se sentiu incluído e seguro para falar nesse ambiente calmo, o que fez uma quantidade enorme de ideias criativas fluírem no grupo.

A equipe também começou a passar um troféu itinerante nas reuniões, nesse caso uma taça de boliche que a gerente comprou em um brechó. O troféu era passado de um membro da equipe a outro em reconhecimento pela contribuição do outro ao arregaçar as mangas e ajudar durante a semana. Então, o novo detentor do troféu tinha uma semana para decidir quem seria o próximo a recebê-lo. O efeito: todo mundo chegava à reunião de quinta-feira se perguntando se tinha feito o suficiente para ajudar os outros membros da equipe e pensava em todas as coisas que os outros tinham feito para ajudá-lo.

A líder também criou regras para aumentar a inclusão. Por exemplo, todos os e-mails entre membros da equipe seriam respondidos em até 24 horas (de segunda a sexta-feira); os membros da equipe não se interromperiam durante as discussões; o grupo se comprometeria em não fazer reuniões na sexta-feira (para que pudessem terminar o serviço ou usar o tempo de folga). Finalmente, sabendo que muitos membros novos da equipe se estressariam se não conhecessem o seu desempenho no novo ambiente, ela dedicava um tempo no início de cada dia para enviar comentários de *feedback* específicos ao pessoal, para que soubessem que ela observava o trabalho que faziam e valorizava as suas contribuições.

Ao entrevistamos um de seus funcionários, ele nos disse que, em poucas semanas, se sentiu conectado aos novos membros da equipe. Ele também disse que, embora em equipes anteriores se concentrasse quase exclusivamente no próprio desempenho, ali pensava todos os dias em como contribuir para o sucesso geral do grupo. A tática bem pensada de inclusão dessa gerente ajudou todos a sentirem que eram valorizados como parte da equipe.

Método 2: Encontre um centro em comum

Nas equipes em que nosso trabalho é solicitado e que têm dificuldade para misturar personalidades fortes, vemos que a jornada da exclusão à conexão pode ser complexa e precisa se basear em valores em comum.

Tivemos a oportunidade de entrevistar Mitt Romney pouco depois de ele se aposentar da Bain Capital e antes da sua eleição como governador do estado de Massachusetts e da candidatura à presidência.[3] Estávamos mais interessados no seu trabalho para fundar a empresa de investimentos que hoje gerencia mais de cem bilhões de dólares. Ele confessou que em determinado momento dos primeiros dias os sócios da Bain Capital pensaram em sair, devido ao que ele chamou de "conflitos insolúveis". Em um último esforço para salvar a firma, seis fundadores concordaram em comparecer a um programa de uma semana que teria ajudado outras equipes. "Valia a pena tentar", recordou Romney.

O tamanho da disfunção da equipe ficou evidente em uma das primeiras sessões. Pediram a cada membro que descrevesse, aberta e francamente, as coisas que mudaria em cada um dos outros indivíduos. Os "alvos" não tinham permissão de responder nem de se defender. A sessão deveria durar uma hora, mas as reclamações, além de durarem a noite toda, se esticaram pela manhã seguinte e "bateram novos recordes de crítica inventiva", disse Romney.

Apesar do aconselhamento, os membros do grupo se aproximaram do fim do retiro se perguntando se algum dia conseguiriam trabalhar juntos. Então um último exercício de uma hora mudou tudo.

Naquela sessão, o instrutor ensinou ao grupo que, quando vivem em conflito com os seus valores centrais, os indivíduos ficam infelizes, prejudicam a saúde e têm menos sucesso. Na psicologia, isso se chama dissonância cognitiva, em que as pessoas sofrem o estresse de manter crenças contraditórias ou de se engajar em ações que vão contra os seus valores. O conflito interno entre o modo de vida da pessoa e aquilo que ela valoriza cria estresse, e as consequências do estresse podem ser terríveis. Além disso, ensinou o instrutor, quando os indivíduos do grupo tiverem valores centrais extremamente divergentes, será dificílimo para o grupo trabalhar de forma inclusiva.

"Achei que tinha a minha resposta para explicar por que a nossa equipe estava se desintegrando. Os nossos valores estavam a quilômetros de distância", disse Romney. "Um sócio disse que a sua ambição na vida era estar na lista dos mais ricos da revista *Forbes*; outro queria fama e reconhecimento para compensar a indignidade do início da vida; outro se preocupava principalmente com a vida familiar. O instrutor disse que era possível que os nossos valores centrais reais não fossem tão disparatados assim. Talvez aquilo pelo que trabalhávamos, nos dizendo que era o que queríamos na vida, estivesse em conflito com os nossos próprios valores centrais."

O instrutor pediu ao grupo que listasse as cinco pessoas que mais respeitavam, vivas ou mortas. Então, ao lado de cada nome, cada um escreveu as três características que mais associava àquele indivíduo. Romney fez a sua lista de pessoas e escolheu palavras e expressões para descrevê-las. Eram: "serviço", "amor aos outros", "integridade", "fé", "compaixão", "visão" e "força de caráter".

Finalmente, os membros do grupo foram instruídos a selecionar as três expressões que apareciam com mais frequência nas listas. As de Romney eram "amor", "serviço" e "fé".

"Eu queria saber o que havia na lista dos meus sócios", diz Romney. Ele ficou surpreso. "Todos chegamos basicamente aos mesmos valores. Todos nós incluímos amor e serviço. E, na lista de pessoas que mais admirávamos, todos citamos Abraham Lincoln. Não éramos tão diferentes assim, afinal de contas", conclui ele.

Os sócios perceberam que precisavam alinhar a missão da equipe aos valores centrais dos membros e, depois, trabalhar juntos com o foco nesses ideais.

"Não posso dizer que a empresa se transformou de repente em um empreendimento de amor e serviço", diz Romney. "Mas *posso* dizer que mudou e que nós também mudamos. Trabalhamos juntos, de forma relativamente produtiva, durante mais dez anos, e dou uma boa parte do crédito ao que descobrimos sobre nós naquele dia."

Método 3: Promova conexões e amizades

Como é comum ver em times esportivos de alta motivação e elevado salário, nem todo mundo tem que gostar dos colegas de trabalho para ter sucesso. Mas, como passamos mais tempo no trabalho do que em qualquer outro lugar, sem dúvida a situação fica muito mais agradável quando nos damos bem.

No entanto, temos que entender que nem todo mundo se sente à vontade em ambientes sociais, principalmente quem tem ansiedade. As atividades tradicionais para unir as equipes foram tipicamente projetadas por extrovertidos para extrovertidos. Até a ideia de escritórios abertos não foi discutida com nenhum introvertido antes do lançamento. Mas descobrimos que há muita coisa que os líderes podem fazer para incentivar os tímidos e calados a participarem de um pouco de socialização sem chegar a extremos.

Por exemplo, em vez de fazer as pessoas trabalharem sozinhas em cada projeto, vimos líderes de equipes criarem mais oportunidades para as tarefas serem cumpridas em grupos de dois ou mais — mesmo que em trabalho remoto. Incentivar o grupo a se reunir fora do trabalho para fazer caridade, praticar algo ativo ou comparecer a uma conferência é outra maneira boa de estimular a inclusão e induzir menos ansiedade do que simplesmente ficar se olhando em torno da mesa em um restaurante, já que as pessoas estão concentradas em uma atividade.

Derek Lundsten e Stephan Vincent comandam a LifeGuides, uma rede online que promove conexões entre pares dessa maneira. Os pares se ajudam nos desafios da vida, da ansiedade no trabalho à Covid-19 e à justiça social. Empresas como Salesforce.com e The Motley Fool oferecem a plataforma aos funcionários. Vincent disse: "Na vida, ficamos sobrecarregados de informações vindas de várias fontes, e o mundo é muito polarizador. Vivenciei isso com membros da família. Quando mencionamos um tópico — Covid-19, economia, seja o que for —, de repente ele se torna político, polarizado, e não obtemos o apoio que procurávamos. Terapeutas e outros profissionais podem ser úteis, mas veem as coisas sob o ponto de vista médico. Quando se cria uma conexão com alguém que já esteve no seu lugar, as pessoas conseguem se entender, empatizar e oferecer orientação. Assim, constroem-se relações humanas que podem ajudar."

Emma Seppälä e Marissa King, da Universidade Yale, observam que "as pessoas que têm um 'melhor amigo no emprego', além de mais probabilidade de serem felizes e saudáveis, também têm probabilidade sete vezes maior de se engajarem no trabalho.[4] Além disso, os funcionários que dizem ter amigos no trabalho apresentam nível mais alto de produtividade, retenção e satisfação no emprego do que os outros". É claro, porém, que amizades no trabalho podem ser complicadas.

Uma nota: em geral, as relações interpessoais dos membros da equipe não são da nossa conta como gestores; isto é, até que haja impacto sobre o desempenho da equipe. Quando levada a extremos, por exemplo, a formação de panelinhas pode gerar alianças dignas de *reality show* e grupinhos que causam mais exclusão para alguns. Além disso, quando as fronteiras entre o campo pessoal e o profissional ficam indistintas, há a abertura para sentimentos serem feridos e uma piora no desempenho do grupo. No entanto, o fato de haver potencial de complicações não é desculpa para os gestores evitarem conectar os funcionários entre si. Os trabalhadores não têm necessariamente que sair para beber nem contar detalhes pessoais íntimos, do tipo *essa é a história da minha tatuagem na lombar*. As relações positivas são construídas com base em vulnerabilidade, autenticidade e compaixão — que podem acontecer no horário de trabalho com fronteiras saudáveis (como o estabelecimento de regras para evitar fofocas de escritório e para que todos sejam incluídos e tratados igualmente). Os gestores também devem servir de modelo desse comportamento na interação com os membros da equipe, como dizem Seppälä e King.

Portanto, os gestores deveriam ser amigos dos supervisionados? Embora possam ser amistosos e solidários, os gestores não devem ser íntimos demais dos funcionários. Podemos ressaltar (como mau exemplo) a sabedoria torta de Michael Scott, do seriado *The Office*, tão preocupado em ser o melhor amigo dos funcionários que não conseguia mais responsabilizar ninguém.[5] "Prefiro ser temido ou amado? É fácil: os dois. Quero que as pessoas tenham medo do quanto me amam", disse ele. Embora divertido, ninguém deveria imitar o comportamento de Scott no local de trabalho — nem em lugar nenhum.

Certa vez, nos pediram que treinássemos um gerente de elevado potencial. O diretor da divisão admitiu que promoveu o rapaz a um cargo de supervisão porque, além de competente no papel financeiro, ele se entendia com todo mundo. "Ele era a pessoa com quem todo mundo gostaria de ir a uma festa", disse o diretor. Mas, depois que virou "chefe", o Sr. Amigão do Escritório se tornou o Sr. Durão. As amizades que existiam se desgastaram. Ninguém queria nem mesmo uma conversa casual com ele. Era como se ele só soubesse falar de prazos e cotas, e o muxoxo constante dava a impressão de mostrar que os membros da equipe não faziam todo o possível. Foi preciso muito treinamento e uma avaliação 360° bastante direta para que ele visse a luz: fora longe demais e aumentara de forma significativa o nível de ansiedade da equipe.

Em outro caso, nos pediram que trabalhássemos com uma líder que viera de fora para assumir na empresa o comando de uma equipe que precisava de orientação. Ela nos disse que nunca fora boa com conflitos. "Espero que os meus funcionários façam o serviço sem serem levados pela mão", disse ela na primeira sessão. Na avaliação 360° com a equipe, ouvimos várias reclamações de que os novos funcionários não sabiam o que ela pensava deles. Tudo era insinuado. "Ser melhor como treinadora" e "tornar-se mais assertiva" foram as duas habilidades de liderança que trabalhamos com ela nos meses seguintes.

O treinador de executivos Peter Bregman teve uma experiência semelhante com dois clientes.[6] Um deles era considerado o aparente sucessor do presidente executivo, mas tinha um problema. "Vários subordinados diretos dele eram amigos íntimos seus, e ele não os cobrava do mesmo modo que cobrava os outros subordinados", disse Bregman. "Eles não faziam o que ele pedia nem apresentavam os resultados esperados. Isso prejudicava a empresa e a reputação dele."

Bregman disse que os outros membros da equipe viam o problema com bastante clareza e admitiram que a injustiça afetava a sua motivação. O líder, por outro lado, não via nada.

O outro cliente de Bregman era presidente executivo de uma empresa de um bilhão de dólares em rápido crescimento. "Ele é afetuoso, gregário e autêntico", disse o treinador. "E aprendeu, do jeito mais difícil, que ter amigos quando se é chefe pode ser complicado."

Ele convidava os amigos do trabalho para jantar em sua casa e conhecer sua família. "Mas aí tive que tomar decisões difíceis pelo bem da empresa, inclusive demitir um deles, e ficou doloroso demais. Passei a hesitar ao tomar decisões por causa disso. Portanto, não, não procuro amigos no trabalho."

Bregman explicou que esse líder não evita amizades com funcionários por ser *mau*. Ele as evita porque é *bom*. Na verdade, para os líderes pode ser difícil ter amigos íntimos entre os funcionários, seja porque não conseguem separar a amizade das decisões de negócios, seja porque têm que tomar decisões difíceis que podem destruir o relacionamento.

"Muitas pesquisas apoiam a ideia de que ter amigos no trabalho nos torna mais felizes e engajados", acrescenta Bregman. "Mas a pesquisa não aborda o fato de que as amizades no trabalho são complicadas, ainda mais quando se é chefe."

Os que são promovidos de colaborador a gerente ou de gerente a gerente de gerentes podem escolher ser proativos. O professor Art Markman, do campus de Austin da Universidade do Texas, diz: "Faça um esforço para chamar à parte alguns amigos [do trabalho] e converse com eles sobre o estresse e a responsabilidade do novo cargo. Ajude-os a entender parte das tensões que você sente. Talvez você suponha que os amigos compreenderão implicitamente as tensões sofridas, mas é muito mais provável que tenham empatia se você tiver uma conversa franca."[7]

Método 4: Ofereça validação frequente

O que mais o gestor pode fazer para facilitar os sentimentos de conexão e evitar a exclusão em suas equipes? Recorremos a um discurso de Oprah Winfrey em uma formatura de Harvard: "Tenho a dizer que a lição mais importante que aprendi em 25 anos falando com pessoas todo dia foi que há um denominador comum na nossa experiência humana: queremos ser validados. Queremos ser compreendidos. Já fiz mais de 35 mil entrevistas na minha carreira. E, assim que desligam as câmeras, todo mundo se vira para mim e, inevitavelmente, cada um a seu modo, faz a seguinte pergunta: 'Fui bem?' Ouvi isso do presidente Bush. Ouvi do presidente Obama. Ouvi de heróis e donas de casa. Ouvi de vítimas e criminosos. Ouvi até de Beyoncé, com toda a sua beyonceíce. [...] Todos queremos saber: 'Você me ouviu? Você me vê? O que eu disse foi importante para você?'"[8]

Winfrey fala do líder que nota e valoriza o valor inerente de alguém. Isso faz parte da gratidão, na qual mergulharemos mais no capítulo 9. A questão da gratidão não é só agradecer aos outros pelas suas realizações, é ajudar as pessoas a verem o seu valor como colegas e seres humanos. Isso dá certo com gestores, também. Em uma pesquisa Glassdoor, mais da metade dos funcionários disse que se sentir mais valorizado pelo chefe os ajudaria a ficar mais tempo na empresa.

Método 5: Inclua os trabalhadores remotos

Uma última sugestão no processo de combater a exclusão é incluir com atenção os que trabalham remotamente o tempo todo ou parte do tempo, o que, em si e por si, pode provocar ansiedade. Um dos efeitos crescentes da pandemia de Covid-19 é que mais empresas adotaram o conceito de trabalhar em casa. Antes do vírus, a maioria dos nossos clientes tinha um pequeno percentual de funcionários que trabalhava fora do escritório. Alguns permitiam que o pessoal trabalhasse remotamente um dia por semana. Então o vírus veio e, da noite para o dia, todos tiveram que aprender a trabalhar fora do escritório.

Algumas empresas perceberam que isso pode ter as suas vantagens. O tempo para chegar ao trabalho desaparece, as reuniões ficam mais rápidas e podem ser mais focadas, é possível acessar talentos em qualquer lugar do mundo e muitos conseguiram reduzir as suas instalações físicas. Uma dessas empresas é uma firma de telecomunicações com a qual dividimos espaço. Os líderes decidiram fechar permanentemente o escritório e fazer o pessoal trabalhar em casa. Encontramos alguns profissionais de TI que agiram como se tivessem recebido um segundo Natal. *Não tenho mais que lidar com a interrupção dos outros!* Por outro lado, alguns funcionários mais animados do atendimento ao cliente agiram como se o mundo estivesse prestes a acabar, porque não estariam juntos pessoalmente no dia a dia.

Depois de vinte anos ajudando a definir e refinar a cultura corporativa, podemos dar um alerta: a maioria das empresas considerou pressuposta a cultura corporativa quando todos os funcionários trabalhavam no mesmo prédio. Na hora de pensar no mundo do trabalho remoto, caímos no faroeste. Ajudar as pessoas, talvez espalhadas por vários fusos horários, a se sentir parte do todo coletivo é totalmente diferente.

Para construir cultura em um mundo remoto e, no processo, reduzir a ansiedade, os gestores precisam se comunicar mais e não menos para ajudar o pessoal a se sentir incluído e não ter medo de sair do *status quo*. A Kraft Heinz Company fez exatamente isso. Shirley Weinstein, diretora de Recompensas Globais, contou que a sua equipe executiva participou de demonstrações ao vivo de culinária na cozinha de casa para os funcionários assistirem, incorporando produtos como queijo cremoso Philadelphia, salsichas Oscar Mayer e molho para macarrão Classico. Nos programas de meia hora, dois executivos competiam, cozinhando em casa diante da família. "Michael Mullen, o nosso diretor global de comunicação, é o moderador envolvente, e um integrante da nossa equipe culinária julga a criatividade e o uso dos produtos", disse ela. "Quem prova é a família, e esse é um jeito ótimo de pôr os filhos, cônjuges e até os cães no programa."

Ela acrescentou que, no começo, os funcionários que trabalhavam remotamente acharam que "'não tinham tempo para isso', mas participaram e apreciaram a diversidade que o programa levou ao dia de trabalho. Foi um momento para refletir, aprender, rir e avaliar os seus líderes no nível pessoal".

Como a Kraft Heinz tenta fazer, construir cultura em um mundo remoto também significa definir com clareza a nossa missão e os nossos valores e homenagear os que incorporam esses ideais grandiosos na interação com os clientes ou com os colegas da equipe. Também envolve usar as plataformas tecnológicas e as redes sociais para oferecer aos funcionários um modo de se conectar e se conhecer, reproduzindo o velho papo do cafezinho ou espichar a cabeça acima da parede do cubículo.

Os gestores com equipes remotas também deveriam dividir a liderança para aprimorar a sensação de propriedade e o engajamento, pedindo a determinados membros da equipe que conduzam as reuniões sobre um tema pelo qual sejam apaixonados ou que deem sessões de treinamento em uma área que dominem. Os chefes também podem trazer diversão à mistura incentivando concursos de decoração do escritório doméstico ou competições do melhor fundo. Até coisas pequenas ajudam a construir conexão. Por exemplo, se os líderes pedem almoço para os que estão no escritório, também podem mandar comida para os trabalhadores remotos. É um toque de cuidado.

Beth Schinoff, do Boston College, e Blake Ashforth e Kevin Corley, da Universidade Estadual do Arizona, dizem que o trabalho remoto muda de duas formas importantes o modo como nos relacionamos com os colegas.[9] Em primeiro lugar, será menos provável os colegas morarem perto. "Isso significa que talvez não tenhamos a oportunidade de experiências informais e presenciais em comum [...] além das que são compartilhadas e patrocinadas pela empresa." Em segundo lugar, cada vez mais os funcionários recorrerão à tecnologia para se comunicar com os colegas, em vez da interação frente a frente. Interagir por mensagens de texto, mensagens instantâneas e até teleconferências pode dificultar a noção de quem é cada um. "Não podemos avaliar a linguagem corporal e outras dicas não linguísticas do mesmo modo que fazemos pessoalmente", dizem os autores. "Quando trabalhamos por meio da tecnologia, também é mais provável só nos comunicarmos com os colegas virtuais quando houver razão para isso."

Dadas essas diferenças fundamentais de como nos relacionamos no trabalho virtual, como os colegas remotos *conseguem* a amizade necessária para melhorar o engajamento e a lealdade, sem falar na produção de um resultado melhor? Schinoff e colegas defendem o desenvolvimento de uma cadência.

"Os trabalhadores remotos sentem que têm cadência com um colega quando entendem quem é essa pessoa e conseguem prever como vai interagir", escrevem. "A cadência é importantíssima quando trabalhamos virtualmente porque nos ajuda a prever *quando* precisaremos interagir com os colegas virtuais e *como* serão essas interações, coisa muito mais fácil de fazer na comunicação presencial. Quando não temos cadência com os colegas, fica difícil entrar em contato com eles ou frustrante interagir quando isso acontece."

O que os líderes e gestores podem fazer para estabelecer essa cadência quando o pessoal trabalha remotamente? É preciso preparar o palco para os funcionários se conhecerem. Mas, em vez de pedir aos membros da equipe que se apresentem, o que pode induzir ansiedade, formas menos diretas podem trazer melhor resultado. Por exemplo, um gerente pediu aos funcionários que dissessem aos colegas uma música que gostaram de ouvir na semana anterior; outra pediu ao pessoal que contasse algo da lista de coisas que queriam fazer antes de morrer. O destaque foi mais sobre "What's Going On", de Marvin Gaye, ser incrível ou por que seria bacana visitar Machu Picchu do que sobre a pessoa em si; mas essas informações rápidas e secundárias dão uma boa noção da personalidade do funcionário. Outra ideia simples: abrir as linhas de telecomunicação dez minutos antes da videoconferência e deixá-las abertas dez minutos depois, para que os membros da equipe possam bater papo, se quiserem.

RESUMO

- A exclusão pode ser tóxica para o nível de ansiedade. O medo de ficar de fora (FOMO) pode prejudicar o bem-estar mental, pois os seres humanos têm uma forte necessidade de pertencer ao grupo. Cerca de 71% dos profissionais vivenciam algum nível de exclusão na sua equipe.
- Há muito que os líderes de equipe podem fazer para identificar os que estão de fora — e isso é ainda mais importante quando a equipe, toda ou em parte, trabalha remotamente: Quem é regularmente deixado de fora durante as discussões em grupo? Quem parece não interagir com ninguém? As reuniões individuais regulares são a melhor maneira de entender o que realmente está acontecendo.
- Os líderes podem promover a inclusão assegurando que todos os membros possam contribuir nas reuniões e tenham a sua voz ouvida de maneira calma e organizada, juntando recém-contratados a funcionários experientes e amistosos e reservando um tempo em toda reunião para reconhecer as contribuições.
- Outros métodos para ajudar a levar uma equipe da exclusão à conexão são: 1) criar camaradagem; 2) encontrar um núcleo comum; 3) promover conexões e amizades; 4) oferecer validação frequente; e 5) incluir os trabalhadores remotos.

9

Transforme dúvidas em segurança

EXPRESSE GRATIDÃO PARA CONSTRUIR CONFIANÇA

O modo de desenvolver o que há de melhor em uma pessoa é com apreciação e incentivo.

— Charles Schwab

Uma das piores partes da ansiedade é que ela faz pessoas competentes se sentirem inseguras e começarem a questionar a força interior. Nas nossas entrevistas, vimos muita gente de elevado desempenho que sofre de ansiedade dizer que duvida constantemente de si e da sua capacidade. Ainda assim, um problema comum que encontramos em anos de treinamento de executivos é que os líderes não exprimem ao pessoal gratidão pelo trabalho bem-feito — pelo menos, não com a frequência e a eficácia que deveriam. Na verdade, muitos líderes passam a maior parte do tempo abordando problemas de desempenho, em geral com o foco no trabalho abaixo da média de um ou dois integrantes da equipe. Eles supõem, geralmente de forma incorreta, que os que estão cumprindo direitinho os seus deveres não precisam de muita atenção, mas os que têm melhor desempenho podem ser esponjas de gratidão.

Em entrevistas com milhares de funcionários nos últimos vinte anos, podemos atestar que muitos sentem ansiedade considerável pelo desempenho no emprego. Querem saber como os gerentes percebem a qualidade do trabalho. Na verdade, os funcionários de melhor desempenho podem perceber a falta de atenção do gerente como sinal de que a situação não é nada boa. O silêncio pode fazer a preocupação se instalar até no melhor trabalhador.

Quando aconselhamos os gestores a dar mais *feedback* positivo, eles recuam com uma ladainha de preocupações. Dizem que seria legal, mas que não têm tempo para exprimir mais apreciação ou que o pessoal só se interessa por recompensas financeiras. Outros não querem mimar os trabalhadores, ainda mais em uma época de crise em que tantas outras coisas exigem o seu tempo. Alguns líderes acreditam que elogiar o pessoal o tempo todo só por fazer o seu serviço soa condescendente ou falso. "Quem sou eu", perguntam, "um robô de elogiar?"

Bom, primeiro, o que pedimos não são elogios ininterruptos, é *gratidão expressa do modo certo e na hora certa.* Os gestores precisam de funcionários motivados para obter resultados, e uma das maneiras mais simples e eficazes de motivar as pessoas é demonstrar gratidão regularmente. A nossa pesquisa mostra de forma inequívoca que dar esse reforço positivo produz um aumento impressionante do desempenho da equipe. Eis algumas provas:

A pesquisa realizada para nós por Willis Towers Watson constatou que, quando o engajamento dos funcionários está no quartil inferior da classificação nacional, a satisfação do cliente é vinte pontos percentuais menor do que quando o engajamento dos funcionários está no quartil superior.[1] E, das pessoas que relatam o nível mais alto de engajamento no trabalho, espantosos 94% concordam que seus gerentes são eficazes ao agradecer quando eles vão além do exigido. Isso mostra um vínculo fortíssimo entre a gratidão e o engajamento dos funcionários e entre o engajamento e a satisfação do cliente. Tudo isso fica ainda mais notável quando acrescentamos o moral à mistura. Cerca de 56% dos funcionários que acreditam ter baixo moral no trabalho dão aos gerentes uma nota baixa em gratidão, enquanto apenas 2% dos que têm baixo moral dizem ter um chefe ótimo em apreciar seu trabalho.

Como a gratidão afeta a ansiedade

Há mais de dois mil anos, Cícero disse: "A gratidão, além de ser a maior das virtudes, também é a mãe de todas as outras." Mas a gratidão não desperta muito interesse como área de pesquisa no mundo empresarial. Isso é uma pena. As expressões de gratidão, quando regulares, produzem efeitos profundos. Em um mundo cheio de incertezas, os gestores que agradecem frequentemente o ótimo trabalho — e são específicos a respeito de como a realização ajudou a equipe — podem reduzir de forma significativa o nível de ansiedade. Esses atos são como depósitos regulares no Banco do Engajamento. Eles criam reservas para quando o trabalho do funcionário tem que ser corrigido. Os trabalhadores que têm um bom grau de confiança de que o gerente tem fé na sua habilidade são mais capazes de receber críticas e perceber que a orientação é específica para uma determinada tarefa ou aspecto do seu trabalho e não uma condenação da sua capacidade em geral.

Outra vantagem: quando agradecem os membros da equipe regularmente pelo trabalho bem feito ou quando eles mesmos recebem agradecimentos, os líderes se tornam mais capazes de se recuperar da adversidade com mais resiliência, de acordo com a dra. Sara Algoe, professora associada do campus de Chapel Hill da Universidade da Carolina do Norte.[2] A sua pesquisa encontrou um vínculo substancial entre a gratidão e a eficiência e a produtividade dos funcionários. "A gratidão é importante para formar e manter os relacionamentos mais importantes da vida, aqueles com quem interagimos diariamente", diz ela. O seu trabalho mostra que os funcionários que exprimem e recebem gratidão no trabalho também têm mais probabilidade de se apresentarem como voluntários para cumprir tarefas, de realizarem coisas difíceis e de trabalharem melhor como parte da equipe. Além disso, a pesquisa mostra que os líderes que oferecem gratidão regularmente recebem nota mais alta dos membros da equipe em atributos mensurados de compaixão, consideração, empatia e (caramba) até amor.

192 | A ANSIEDADE NO TRABALHO

Aqui, não estamos falando de elogios gerais com pouco significado, como "Bom trabalho, equipe". Gostamos de lembrar aos líderes que, se é o que você diz a um cachorro, isso não é gratidão. Não, estamos falando da gratidão demonstrada a outra pessoa com sinceridade e especificidade pela contribuição que deram. Quando alguém aceita esse agradecimento, os neurotransmissores do cérebro liberam dopamina e serotonina, responsáveis pelo bom humor. Quando praticamos conscientemente a gratidão, podemos fortalecer essas vias neurais e criar uma superestrada fisiológica para a harmonia entre os membros da nossa equipe.

Chris Schembra, autor de *Gratitude and Pasta* [*Gratidão e macarrão*], realizou centenas de jantares de intervenção de gratidão em Nova York, nos quais as empresas podem se engajar melhor com clientes ou funcionários. Em cada um dos jantares do 7:47 Club (hora em que a refeição começa), Chris faz a mesma pergunta aos convidados: "Se você pudesse dar crédito e agradecer a uma única pessoa a quem você não deu crédito nem agradeceu o suficiente, quem seria?"

Schembra nos contou: "Em geral, as pessoas chegam aos nossos jantares se sentindo solitárias, não realizadas, desconectadas, inseguras. Elas escutam os outros contando histórias do passado sobre a mãe, o pai, o cachorro, a professora do terceiro ano, as ex-namoradas. Percebem que não estão tão sozinhas quanto pensavam. Todo mundo pode se identificar com uma mãe, quer ela o tenha abandonado ou nutrido; um avô que o levava para treinar futebol. Quando contamos as nossas histórias, diminuímos a ansiedade."

Madeline Haslam, diretora de pesquisa do 7:47 Club, indica o papel vital dos líderes para dar o exemplo de gratidão. Em 1961, Albert Bandura, da Universidade Stanford, fez o chamado experimento do João Bobo. O professor filmou adultos se comportando agressivamente com um João Bobo, um boneco inflável que volta a ficar ereto depois de empurrado ou socado. Um grupo de teste formado por crianças assistiu aos vídeos depois e foi colocado em uma sala com o boneco; outras crianças não assistiram a nenhum vídeo. "Quando viam adultos batendo no boneco, as crianças demonstravam muito mais agressividade física com o boneco do que o grupo de controle", disse Haslam. "Essa aprendizagem observacional não acontece só com as crianças. Você aprende a fazer o mesmo quando observa um líder exercer a gratidão aos outros na sua frente. Isso inspira os funcionários com a emoção a seguir o exemplo."

Como a gratidão nos ajuda a lidar com a pressão

Outra boa notícia para os gestores: a gratidão ajuda as pessoas a desenvolver mais capacidade de lidar com o estresse. Os estudos de uma equipe de cientistas liderada por Rollin McCraty, psicofisiologista e professor da Florida Atlantic University, mostra que, nos que dão e recebem gratidão, há uma redução marcante do nível de cortisol, o hormônio do estresse.[3] Essas pessoas também são mais resilientes em caso de reveses emocionais e experiências negativas. O trabalho de McCraty mostra que os seres humanos conseguem reconfigurar o cérebro para lidar com as circunstâncias difíceis com mais consciência e percepção simplesmente por reconhecer e apreciar os pequenos passos adiante na vida.

Isso é importantíssimo porque a ansiedade leva pessoas talentosas a se sentirem uma fraude; a sua validação externa não combina com o que sentem internamente. É a chamada síndrome do impostor: esperar que o mundo descubra que não somos o que parecemos. Entre as celebridades, isso é mais comum do que se pensa.

A autobiografia *Born to Run* do astro do rock Bruce Springsteen traça a sua batalha vitalícia com as dúvidas sobre si e o sentimento de ser "completamente falso". O comediante Steve Martin, na autobiografia *Nascido para matar de rir*, detalha as suas duas décadas de luta com surtos de ansiedade e intensos ataques de pânico. Lady Gaga, que parece um modelo de confiança com o seu sortimento de roupas extravagantes e apresentações incríveis ao vivo, discutiu abertamente a sua ansiedade. Em um programa especial da HBO, ela disse: "Às vezes, ainda me sinto uma perdedora do ensino médio; toda manhã, tenho que me levantar e dizer a mim mesma que sou uma superestrela para chegar ao fim do dia e ser para os meus fãs o que eles precisam que eu seja."[4]

Finalmente, sem apoio nem mecanismos de enfrentamento, até pessoas talentosas se esgotam com tanto estresse e ansiedade. O dr. Alex Korb, neurologista da UCLA (Universidade da Califórnia em Los Angeles), explica que a pessoa preocupada o tempo todo com os resultados desfavoráveis vai configurar o cérebro para só se concentrar nos aspectos negativos.[5] Ele argumenta que a nossa mente não consegue se concentrar em informações positivas e negativas ao mesmo tempo. Com a prática consciente da gratidão na equipe, diz ele, podemos treinar o cérebro para dar atenção seletiva a emoções e pensamentos positivos. Isso reduz a ansiedade e o sentimento de apreensão.

As pessoas tendem a se concentrar mais nos desafios da vida porque os desafios exigem ação. No trabalho, nosso serviço é superar desafios, não é? Tendemos a prestar pouquíssima atenção nas coisas boas porque sentimos que não é preciso fazer muita coisa para que permaneçam dessa maneira. Ainda assim, a gratidão ajuda as pessoas a se concentrar nos aspectos positivos, combater os pensamentos negativos com otimismo, aceitar a dura realidade e fazer os outros saberem que são cuidados e valorizados.

Para os líderes, um dos modos mais eficazes de combater a ansiedade é promover uma atitude de gratidão na empresa toda — não só de cima para baixo, mas entre colegas. Em uma sexta-feira, visitamos um hospital e tivemos o privilégio de assistir a um encontro especial. Toda semana, um membro da equipe recebia o chamado Troféu da Graça sob Fogo, uma mangueira de incêndio montada em um bloco de madeira. O prêmio era trazido com muitos aplausos e passado de colega em colega para reconhecer algo admirável que um membro da equipe fez durante a semana. No caso que assistimos, uma enfermeira indicou uma colega que cobrira um dos seus plantões de fim de semana. As oito horas previstas se transformaram em doze quando o pronto-socorro se encheu, mas a substituta manteve a calma. Ao entregar o prêmio, a enfermeira que fez a indicação, além de exprimir o seu profundo reconhecimento, falou de valores básicos como confiabilidade e trabalho em equipe.

Mais tarde, o gerente nos contou que esse ritual das sextas-feiras, além de ser um toque divertido, elevou o comportamento de todos e fortaleceu os relacionamentos. A entrega do prêmio foi rápida (seguida por merecidos petiscos), mas reforçou, de forma poderosa, o que os membros da equipe mais valorizavam: manter a calma sob pressão enquanto ajudam uns aos outros.

Transforme dúvidas em segurança

Enquanto visitávamos locais de trabalho como esse e conversávamos com líderes do mundo inteiro, encontramos alguns métodos práticos para a gratidão transformar dúvidas em segurança.

Método 1: Torne a gratidão clara, específica e sincera

Comentários genéricos no ambiente de trabalho, como "bom trabalho", nunca adiantaram muito, principalmente quando se trata de tranquilizar os membros ansiosos da equipe. Os funcionários ouvem esses elogios não específicos e tendem a ignorá-los, principalmente quando se sentem inseguros. Em vez disso, os líderes agradecidos se concentram em um aspecto específico de uma realização ou da maneira como alguém faz o seu trabalho. Por exemplo, "bom trabalho naquele relatório" é bom e, com certeza, melhor do que não dizer nada. Mas melhor ainda seria dizer algo como "gostei do jeito como o seu relatório faz uma curta narrativa para acompanhar os números. Aquela visão geral do mercado e do lugar que ocupamos nele foi muito útil quando tivemos que explicar os achados à equipe executiva. Bom trabalho".

196 | A ANSIEDADE NO TRABALHO

Carlos Aguilera, diretor de estratégia de marca premium do Avis Budget Group, é um dos melhores gestores que vimos quando a questão é tornar a gratidão específica para os valores da empresa. Quando o conhecemos, ele era gerente-geral da locadora do aeroporto Dallas Fort Worth, e as reuniões pré-turno da equipe sempre começavam com gratidão específica. Ele perguntava: "Tudo bem, quem viu alguém fazer algo ótimo ontem?" Certo dia, estávamos com Aguilera quando um supervisor de turno sugeriu que Delana fosse citada. Ela notara que um dos clientes usava uma tala no joelho e, sem que ninguém mandasse, chamou um auxiliar nos fundos e pediu que o carro alugado pelo cliente fosse trazido até a frente para a pessoa não ter que atravessar o terreno a pé. Foram só trinta segundos para contar a história, e notamos que a energia na reunião pré-turno começou a aumentar. O melhor foi que Delana soube que os gestores prestavam atenção e agradeciam à sua atenção aos detalhes.

Aguilera lhe deu um prêmio na hora. "E garantimos que toda realização seja colocada no quadro de avisos", nos disse ele depois. Eram as pequenas coisas como essa que mantinham o seu pessoal cheio de energia. Ele merecia confiança, se comunicava bem e passava um tempo enorme com o seu pessoal de potencial elevado. Quando estudamos Aguilera, ele tinha a pontuação de engajamento dos funcionários mais alta entre todos os 26 mil trabalhadores da empresa. E o que ele aprendeu a fazer pode ser reproduzido.

Método 2: Iguale a gratidão à magnitude

Sem dúvida, incentivamos os gestores a reconhecer regularmente as pequenas realizações. Mas, quando um membro da equipe faz algo grande, os líderes precisam garantir que a gratidão corresponda à realização. Quando não se alinha ao impacto, a recompensa pela realização pode fazer mais mal do que bem.

"No passado, um departamento implantou um programa no qual davam um vale-presente de dez dólares para agradecer e reconhecer o esforço extra", disse Shari Rife, gerente de facilitação e processo criativo da Rich Products Corporation, empresa de produtos alimentícios de quatro bilhões de dólares de Buffalo, no estado de Nova York. Não importava a ação reconhecida; o reconhecimento continuava o mesmo.

"Era muito informal, sem muitos critérios", disse ela. "E causou muita frustração entre os colaboradores, porque quem limpava o armário de suprimentos era reconhecido da mesma maneira que a pessoa que implementava um grande projeto. Como os dois recebiam o mesmo vale-presente, na verdade o programa se tornou desmotivador."

Quando alinham as recompensas ao nível da realização, os líderes ajudam os ansiosos a ter pressupostos mais positivos sobre o seu trabalho. Para pequenos passos, elogios verbais ou um bilhete de agradecimento são adequados, mas realizações maiores exigem uma recompensa tangível oferecida de forma oportuna. Entre elas, estão ações que trazem benefício financeiro à empresa, salvam ou conquistam um grande cliente, aprimoram um processo importante ou melhoram a empresa de maneira substancial.

Método 3: Preserve a importância da gratidão

Um funcionário que entrevistamos disse: "Meu chefe falou que eu receberia agradecimentos diante da equipe por completar um ano de serviço. A empresa fazia esses eventos o tempo todo, e eram legais, e eu disse que tudo bem." Mas, quando o grande dia chegou, o funcionário descobriu que fariam a sua apresentação depois de outra, de uma mulher que ia receber o prêmio de vinte anos de serviço. "Todas aquelas pessoas de fora do departamento apareceram, e foi uma grande cerimônia", disse ele. "As pessoas choravam e diziam a ela que a amavam. Quis me enfiar em um buraco. Eu mal conhecia as pessoas. Quando chegou a minha vez, as pessoas que tinham vindo de outros departamentos não podiam se levantar e ir embora, então assistiram à entrega do meu premiozinho miserável de um ano. Alguns colegas de equipe disseram coisas legais, mas, comparado à festa de amor a que tínhamos acabado de assistir, foi uma vergonha."

Ele brincou sombriamente que foi como dar o Oscar de Melhor Mixagem *depois* do prêmio de Melhor Filme. E acrescentou: "Mais tarde, quando o gerente me disse que comemoraríamos os meus três anos na empresa — era o próximo aniversário que ganhava prêmio —, eu lhe disse que podiam fazer sem mim. De jeito nenhum eu estaria lá."

O importante: sempre que exprimir gratidão, não estrague o resultado combinando-o com outra coisa. Também não minimize as realizações. Se falar de lições aprendidas (*Sem dúvida, Rebeca melhorou muito*) ou tentar socializar a experiência (*Bom trabalho, Trey. Gostaria de agradecer a todos da equipe*), o mais provável é que você diminua o efeito positivo que sua gratidão teria.

O último alerta é reconhecer a diferença entre agradecimento e comemoração. Alguns gestores hesitam em isolar indivíduos. Em vez de reconhecer a contribuição extraordinária de uma ou duas pessoas em cada reunião do pessoal, eles levam a equipe toda para almoçar uma vez por mês. Isso não é agradecimento, é comemoração. E pode criar mais ansiedade nos que têm elevado desempenho, geralmente desejosos de saber que seu trabalho é valorizado. Na construção de uma equipe bem-sucedida, o reconhecimento individual e as comemorações com a equipe têm papéis especiais, mas diferentes.

Método 4: Também ofereça gratidão aos talentosos

Quando espalham gratidão pela equipe, é comum que os líderes percebam que há muito valor não só em recompensar as grandes vitórias como em elogiar regularmente as realizações que cumprem as expectativas. Acreditamos que Chloe, que apresentamos no capítulo 1, precisava desse tipo de reforço do valor de seu trabalho. Mas alguns gerentes levam ao extremo essa igualdade da gratidão e começam a querer tratar todos com justiça para que ninguém fique magoado.

Embora dar a todos uma chance de brilhar seja importante — e os líderes precisam garantir que todos os membros da equipe recebam agradecimento regularmente pelas suas realizações excepcionais —, também é fundamental não esquecer os mais bem-sucedidos. Agradecer não serve apenas para fortalecer os que talvez não tenham confiança; também serve para reforçar o trabalho dos que parecem ter bastante confiança, aqueles que constantemente vão além do esperado.

Em muitos casos, os gestores não querem que achem que têm favoritos ou que paparicam as suas "estrelas". O líder de uma equipe de projeto em engenharia nos contou que aprendeu uma lição sobre isso do jeito mais difícil. Ele disse que Jennifer era "de longe a minha projetista mais produtiva e inovadora". O problema era que ele não queria elogiá-la demais porque ela era *sempre* muito boa. "Francamente, Jeff trabalhava ao lado de Jennifer, e eu não queria que ele se sentisse mal." O gerente também sabia que Jennifer confiava na sua habilidade e decidiu que provavelmente ela não precisava de tantos tapinhas nas costas. Mas acontece que, como a maioria das pessoas, ela queria saber se o seu trabalho era verdadeiramente apreciado. "Com o tempo, acho que Jennifer se sentiu desvalorizada", disse o gerente, e contou que "ela foi trabalhar no concorrente algum tempo atrás". Quando perguntamos se Jeff ainda estava lá, o gerente deu um risinho triste. É claro. Jeff não iria a lugar nenhum.

Resumindo: a gratidão alivia a ansiedade e pode ser como o oxigênio que alimenta o engajamento de todos os membros da equipe, principalmente os mais talentosos que, em geral, são esponjas de gratidão.

Método 5: Mantenha a gratidão próxima da ação

Para acalmar os sentimentos ansiosos, a gratidão deve ocorrer logo depois da realização. Quando vão além do esperado, mas não ouvem nada do gerente durante dias ou semanas, os membros da equipe talvez comecem a se preocupar. Ser reconhecido mais tarde faz algum

200 | A ANSIEDADE NO TRABALHO

efeito, mas, francamente, em 99% dos casos, quando adiam, os gerentes esquecem. Se os líderes quiserem reforçar o comportamento certo, devem manter a gratidão próxima da ação, logo depois de verem algo bom acontecendo.

A gratidão também deve ser frequente. Em geral, os que sentem ansiedade acentuada precisam de um fluxo constante de reafirmação de que o seu trabalho agrega valor, e, em épocas difíceis, essa necessidade aumenta. A nossa pesquisa constata que, nas melhores equipes, os funcionários mais engajados se sentem elogiados pelas suas realizações específicas com regularidade, pelo menos uma vez por semana.

"Nas empresas mais inovadoras, há um volume bem mais alto de 'muito obrigado' do que nas empresas com baixa inovação", diz a professora Rosabeth Moss Kanter, de Harvard. Na nossa pesquisa, ficamos empolgados ao encontrar nível mais alto de gratidão não só nos locais de trabalho inovadores que estudamos como nas culturas de ótimo atendimento ao cliente, excelência operacional, compaixão e sensação de propriedade. Nas melhores culturas, os colegas de equipe cuidam uns dos outros e passam muito mais tempo agradecendo uns aos outros. Essa habilidade aparentemente afetuosa e agradável cria um espírito de equipe tangível e uma determinação de praticar os comportamentos corretos.

É com o reforço oportuno que as pessoas atingem toda a sua estatura. Para saber que estão no caminho certo, os trabalhadores precisam de gratidão frequente e específica.

RESUMO

- Uma das maneiras mais simples e eficazes de motivar os funcionários a ter bom desempenho é exprimir gratidão regularmente. Pesquisas mostram que o reforço positivo promove um aumento impressionante do desempenho da equipe e reduz de forma significativa o nível de ansiedade dos membros.

- Os líderes não exprimem gratidão ao seu pessoal pelo trabalho bem feito com a frequência e a eficácia que deveriam.
- Os funcionários de alto desempenho costumam ser esponjas de gratidão e percebem a falta de atenção do gerente como sinal de que a situação não é boa; o silêncio aumenta a preocupação até dos melhores trabalhadores.
- As expressões regulares de gratidão são como depósitos no Banco do Engajamento. Elas criam reservas para quando for preciso corrigir o trabalho de um funcionário. A pesquisa mostra que a gratidão também ajuda as pessoas a desenvolverem mais capacidade de lidar com o estresse.
- Outros métodos práticos de transformar dúvidas em segurança são: 1) tornar a gratidão clara, específica e sincera; 2) igualar a gratidão à magnitude; 3) preservar a importância da gratidão; 4) também oferecer gratidão aos talentosos; e 5) manter a gratidão próxima da ação.

Conclusão

PONTO E VÍRGULA: ANTES E DEPOIS

Há momentos que marcam a vida [...] quando percebemos que nada
será como foi e que o tempo se divide em duas partes: antes e depois.
— Denzel Washington (como John Hobbes)

Embora um primeiro passo na construção de uma cultura profissional saudável assuma a forma de consciência — reconhecer o movimento frenético da equipe que ocorre sob a superfície —, a segunda parte, mitigação, vem quando começamos a minimizar a ansiedade, oferecer apoio às pessoas para elaborarem os seus sentimentos e construir resiliência para os desafios futuros. Às vezes, é tão simples quanto ser receptivo.

Vejamos o exemplo de Madalyn Parker, que, quando soubemos da sua história, trabalhava na Olark, empresa de software com sede no estado de Michigan.[1] Ela é uma desenvolvedora de software talentosa e explicou que sofre de ansiedade crônica, depressão e transtorno de estresse pós-traumático. De vez em quando, precisa de um tempo para se concentrar no seu bem-estar.

Depois de várias noites de insônia, Parker enviou um e-mail à equipe dizendo que passaria alguns dias sem trabalhar para se concentrar na sua saúde mental. No dia seguinte, ao abrir a caixa de entrada de seu e-mail, ela encontrou uma enchente de mensagens de apoio. Uma que chamou sua atenção era de Ben Congleton, o presidente executivo da empresa. "Não posso acreditar que essa não seja a conduta padrão

204 | A ANSIEDADE NO TRABALHO

de todas as empresas", dizia parte do e-mail. "Você é um exemplo para todos nós [...] e ajuda a superar o estigma para que todos possamos trazer o nosso eu inteiro ao trabalho."

Parker disse: "Fiquei comovidíssima. Com lágrimas nos olhos. Foi surpreendente ser aplaudida pela minha vulnerabilidade."

Líderes fortes e atenciosos como Congleton podem ajudar bastante e fazer uma diferença enorme, não só para os que sofrem, como para todos da equipe. Mais líderes estão começando a entender as questões que cercam a saúde mental e realmente se preocupam com o bem-estar dos funcionários. Eles criam ambientes de trabalho em que metas como "feliz" e "saudável" são levadas tão a sério quanto cotas de venda ou satisfação do cliente. Derek Lundsten, presidente do conselho e presidente executivo da LifeGuides, nos disse que "está na hora de construir uma ponte entre o antigo modelo em que os funcionários deixavam os seus problemas à porta e o novo mundo no qual reservamos tempo e espaço para essas conversas".

Ainda não chegamos lá. Será preciso um novo modo de pensar, talvez até um novo modo de pontuar.

Heather Parrie, contadora do Missouri, nos Estados Unidos, é o tipo de pessoa cuja página no Facebook era repleta de realizações.[2] Alguns anos atrás, ela foi atingida por algo inesperado. Sobrecarregada com o peso das expectativas e se comparando incansavelmente com os amigos bem-sucedidos, Heather começou a desmoronar. Nas garras da insegurança, da ansiedade e da depressão, começou a dormir até vinte horas por dia. Cancelou os planos com amigos, faltou ao trabalho e passou a se enrolar em um casulo seguro de cobertores. Acabou demitida do emprego, o que só piorou a situação. Mesmo nos momentos mais sombrios, quando sentia que nunca sairia da cama, ela conseguiu esconder sua batalha íntima dos amigos e da família.

Depois de lutar sozinha muitos meses, ela começou a buscar ajuda na terapia e na medicação e se abriu com as pessoas que amava. Descreveu a razão para mandar tatuar um ponto e vírgula. Em termos literários, o ponto e vírgula é usado quando o escritor poderia termi-

CONCLUSÃO | 205

nar a frase, mas não quis. É usado para fazer uma pausa — parar para respirar —, mas sempre vem outra frase depois, que pode se manter sozinha, independente da primeira. Para Parrie e muitos outros, esse sinal de pontuação se tornou um símbolo da luta para continuar a escrever a própria história com a ansiedade ou qualquer outro transtorno de saúde mental. Ela fala da luta cotidiana para vencer a dualidade da aparência externa de sucesso cuidadosamente montada e a batalha interna contra o aparente fracasso.

Hoje, o ponto e vírgula se tornou uma das tatuagens mais comuns em estúdios do mundo inteiro. Ele simboliza o conceito de "antes e depois". Para os que sofrem com a sobrecarga de ansiedade e para os líderes que cuidam de equipes de seres humanos, o ponto e vírgula pode simbolizar um próximo passo em toda a nossa progressão. Não sugerimos que todos corram ao estúdio mais próximo e arregacem as mangas, mas esperamos que todos levem em conta o comportamento entranhado a que podemos nos agarrar como líderes e que afeta negativamente a nós e aos outros; então, é preciso respirar fundo e pensar em um novo caminho, usando algumas ideias que compartilhamos neste livro.

No mundo do *antes*, discutir temas como a ansiedade era um tabu; incluir e aceitar os que não se encaixavam no molde dava muito trabalho; os preconceitos e juízos eram comuns demais. No mundo do *depois*, o individualismo será valorizado; a ansiedade desnecessária e prejudicial, reduzida; os que sofrem dificuldades, aceitos com compaixão.

Esperamos que você concorde que está na hora de pontuar.

Agradecimentos

Agradecemos ao nosso agente literário Jim Levine, que entendeu que esse tema poderia ser importante e nos deu apoio desde o primeiro dia. Do mesmo modo, ficamos comovidos com o entusiasmo pelo trabalho de nossas editoras Hollis Heimbouch e Rebecca Raskin, da Harper Business.

Temos uma gratidão eterna à nossa leitora crítica Emily Loose e agradecemos a Christy Lawrence, que marcou muitas entrevistas e passou horas incontáveis transcrevendo. Nosso reconhecimento vai para a equipe de FindMojo.com: Paul Yoachum, Lance Garvin, Brianna Bateman, Bryce Morgan, Tanner Smith, Asher Gunsay, Garrett Elton, Mark Durham e Jaren Durham.

Agradecemos a Mark Fortier e Norbert Beatty, da nossa equipe de divulgação, e a Brian Perrin e à equipe de marketing da Harper Business. E agradecemos a todos aqui citados; a sua sabedoria nos enriquece.

Finalmente, somos muito gratos às nossas famílias pelo apoio: a Jennifer, que manteve este projeto em andamento com entusiasmo e ideias profundas. E a Heidi, Cassi e Braeden; a Carter, Luisa, Lucas Chester e Clara Iris; a Brinden; e a Garrett e Maile.

Notas

As fontes citadas em *A ansiedade no trabalho* são entrevistas feitas pelos autores, a não ser quando explicado abaixo.

CAPÍTULO 1: A SÍNDROME DO PATO

1. A citação é de uma pesquisa da American Psychological Association com 3.458 adultos, explicada em "The Most Anxious Generation Goes to Work" ["A geração mais ansiosa vai trabalhar"], de Sue Shellenbarger, *Wall Street Journal*, 9 de maio de 2019. A estatística de que 18% dos adultos têm transtorno de ansiedade é da página "Facts & Statistics" ["Fatos e estatísticas"] do site da Anxiety and Depression Association of America [Associação Americana de Ansiedade e Depressão], apoiada pela informação da American Psychiatric Association [Associação Psiquiátrica Americana] no site Center for Workplace Mental Health [Centro para Saúde Mental no Trabalho] e na "Anxiety Disorders: Why They Matter and What Employers Can Do" ["Transtornos de ansiedade: por que importam e o que empregadores podem fazer"].

2. A pesquisa e a citação são de "Mental Health Problems in the Workplace" ["Problemas de saúde mental no ambiente de trabalho"], Harvard Health Publishing, fevereiro de 2010.

208 | A ANSIEDADE NO TRABALHO

3. A estatística de quarenta bilhões de dólares está no site Health.com, no artigo "How to Relieve the Acute Discomfort of Anxiety Disorders" ["Como aliviar o desconforto agudo dos transtornos de ansiedade"], publicado em 29 de fevereiro de 2016; a estatística de trezentos bilhões de dólares está em "Stress Costs U.S. $300 Billion Every Year" ["Estresse custa aos Estados Unidos US$300 bilhões por ano"], de Gillian Mohney, no site Healthline, 15 de janeiro de 2018; e a estatística de seiscentos bilhões de euros na Europa vem de "Mental Health Issues Cost EU Countries More Than €600 Billion" ["Questões de saúde mental custam mais de 600 bilhões de euros a países europeus"], de Beatriz Rios, Euroactiv.com, 29 de novembro de 2018.

4. Os dados sobre jovens que largam o emprego por razões de saúde mental vêm de "Half of Millennials and 75% of Gen-Zers Have Left Jobs for Mental Health Reasons" ["Metade dos millennials e 75% da geração Z abandonaram empregos por questões de saúde mental"], de Cory Stieg, CNBC, 8 de outubro de 2019.

5. Michael Fenlon é citado em "The Most Anxious Generation Goes to Work" ["A geração mais ansiosa vai trabalhar"], de Sue Shellenbarger, *Wall Street Journal*, 9 de maio de 2019.

6. A estatística é de "The Surprising Group Has the Most Workplace Anxiety" ["O grupo surpreendente tem a maior ansiedade no trabalho"], de C. W. Headley, publicado em theladders.com em 2 de dezembro de 2019, citando um estudo da ZenBusiness.

7. Os dados do Census Bureau, o censo estadunidense, a partir de uma pesquisa realizada com os Centers for Disease Control, os centros de controle de doenças, de que 30% dos estadunidenses apresentam sintomas de ansiedade clínica são de "A Third of Americans Now Show Signs of Clinical Anxiety or Depression, Census Bureau Finds amid Coronavirus Pandemic" ["Um terço de estadunidenses mostram sinais de ansiedade ou depressão clínicas, diz o censo em meio à pandemia do coronavírus"], de Alyssa Fowers e William Wan, *Washington Post*, 26 de maio de 2020.

8. O fato de que só uma em quatro pessoas com ansiedade falou com o chefe é de "Why Aren't We Talking More about Mental Health in the Workplace?" ["Por que não estamos falando mais de saúde mental no trabalho?"], publicado em humanagehr.com em 17 de maio de 2020.

NOTAS | 209

9. Explicada em "Duck Syndrome and a Culture of Misery" ["Síndrome do pato e cultura miserável"], de Tiger Sun, *Stanford Daily*, 31 de janeiro de 2018.

10. Os achados do *USA Today* sobre abandono do emprego estavam em "Workers Are 'Ghosting' Interviews, Blowing off Work in a Strong Job Market" ["Funcionários estão 'sumindo' de entrevistas, abandonado o trabalho em um mercado de trabalho aquecido"], de Paul Davidson, 19 de julho de 2018.

11. O estresse e a ansiedade no local de trabalho podem ser um fator: A pesquisa que liga o estresse e a ansiedade no local de trabalho a 120 mil mortes por ano é do site da Graduate School of Stanford Business, "Why Your Workplace Might Be Killing You" ["Por que seu ambiente de trabalho pode estar te matando?"], de Shana Lynch, publicado em 23 de fevereiro de 2015, citando pesquisa do professor Jeffrey Pfeffer *et al.*

12. Os dados que ligam ansiedade e produtividade são de um estudo com 1.004 pessoas ansiosas encontrado em "Anxiety in the Workplace" ["Ansiedade no trabalho"], ZenBusiness.com, 20 de novembro de 2019.

13. O estudo sobre os membros da Mensa está em "Bad News for the Highly Intelligent" ["Má notícia para os muito inteligentes"], de David Hambrick, *Scientific American*, 5 de dezembro de 2017.

14. As informações vieram de "Leadership Lessons from Gareth Southgate's Team Transformation" ["Lições de liderança da transformação do time de Gareth Southgate"], de Jeremy Snape, *HRDirector*, 11 de julho de 2018; de "How the Psychology of the England Football Team Could Change Your Life" ["Como a psicologia da seleção de futebol da Inglaterra pode mudar sua vida"], de Emine Saner, *Guardian*, 10 de julho de 2018; e de "Seven Leadership Lessons Learned from Gareth Southgate" ["Sete lições de liderança aprendidas com Gareth Southgate"], de Barney Cotton, BusinessLeader.com, 9 de julho de 2018.

15. A descrição de macacos ansiosos da dra. Dian Fossey é de Sarah Wilson, *First, We Make the Beast Beautiful* [*Primeiro, deixamos a fera bela*], Dey Street Books, 2018.

16. As informações sobre o treinamento em resiliência do exército americano são de "Resilience Training: How to Master Mental Toughness and Thrive" ["Treinamento em resiliência: como dominar a firmeza mental e prosperar"], da dra. Catherine Moore, PositivePsychology.com, 9 de abril

210 | A ANSIEDADE NO TRABALHO

de 2020; mais informações nessa seção foram tirados de "Why Some People Are More Resilient than Others" ["Por que algumas pessoas são mais resilientes do que outras"], de Denise Cummings, *Psychology Today*, 11 de março de 2015.

17. O dr. Martin Seligman escreveu sobre a sua teoria do ensino de resiliência na *Harvard Business Review*, edição de abril de 2011, no texto devidamente intitulado "Building Resilience" ["Construindo resiliência"].

18. Os dados da PWC sobre o retorno sobre o patrimônio dos investimentos em saúde mental vêm do *white paper* da empresa "Creating a Mentally Healthy Workplace: Return on Investment Analysis" ["Criando um ambiente de trabalho mentalmente saudável: análise de retorno sobre investimento"], março de 2014.

19. De "Poor Worker Health Costs U.S. Employers Half Trillion Dollars a Year" ["Saúde mental fraca de funcionários custa meio trilhão de dólares por ano a empregadores dos Estados Unidos"], de Bruce Japsen, *Forbes*, 15 de novembro de 2018.

20. A citação é de "Mental Health Problems in the Workplace" ["Problemas de saúde mental no ambiente de trabalho"], Harvard Health Publishing, fevereiro de 2010.

21. A citação é de "Turning In, Turning Outward: Cultivating Compassionate Leadership in a Crisis" ["Voltando-se para dentro e para fora: cultivando liderança compassiva na crise"], de Nicolai Chen Nielsen, Gemma D'Auria e Sasha Zolley, McKinsey.com, 1º de maio de 2020.

CAPÍTULO 2: COMO A ANSIEDADE PREENCHE A LACUNA

1. Os dados sobre os estadunidenses preocupados com a segurança no emprego vêm de uma pesquisa da Wavemaker descrita no site MediaPost.com, em "Wavemaker Study Finds Americans Worry about Job Security, Economy" ["Estudo de Wavemaker descobre que estadunidenses se preocupam com a segurança profissional, com a economia"], de Larissa Faw, 10 de julho de 2020.

2. A citação de Harris vem de "Why Are Millennials Burned Out? Capitalism" ["Por que os millennials estão esgotados? Capitalismo"], de Sean Illing, *Vox*, 16 de março de 2019.

3. O recorde de tiro livres decisivos de Cassell está em 82games.com, em "Random Stat: Clutch Free-Throw Shooting" ["Estatística aleatória: tiros

NOTAS | 211

livres"], onde talvez você consiga determinar a identidade do jogador misterioso que não ia tão bem assim sob pressão.

4. Os comentários de Fetter estão resumidos em seu texto "College Is Different for the School-Shooting Generation" ["Faculdade é diferente para a geração dos tiroteios escolares"], *The Atlantic*, 11 de novembro de 2018; e em "Megan McArdle: How Did We End up Raising Generation Paranoia?" ["Megan McArdle: Como acabamos criando a geração paranoia?"], de Megan McArdle, *Akron Beacon Journal*, 17 de novembro de 2018.

5. O dado de que o quádruplo de pessoas da geração Y em relação à X lista "medo de perder o emprego" como maior preocupação é de "Millennial Anxiety in the Workplace" ["Ansiedade millennial no ambiente de trabalho"], de Clara Knutson, *Forbes*, 31 de julho de 2012.

6. O relato é de "Yahoo's Brain Drain Shows a Loss of Faith Inside the Company" ["A fuga de cérebros do Yahoo mostra perda de fé na empresa"], de Vindu Goel, *The New York Times*, 10 de janeiro de 2016; e de "No Layoffs… This Week: Marissa Mayer's Creepy Comment Kills Morale" ["Sem demissões… esta semana: comentário perturbador de Marissa Mayer mata moral"], de James Covert e Claire Atkinson, *New York Post*, 18 de janeiro de 2016.

7. As dificuldades da GE foram observadas em "How Jeffrey Immelt's 'Success Theater' Masked the Rot at GE" ["Como o 'teatro de sucesso' de Jeffrey Immelt mascarou a podridão da GE"], de Thomas Gryta, Joann S. Lublin e David Benoit, *Wall Street Journal*, 21 de fevereiro de 2018.

8. Citação de Larry vem da sua participação em *Mad Money*, no canal de TV por assinatura CNBC, na reportagem "GE Will Be Transparent about Challenges in Its Turnaround Plan, CEO Larry Culp says" ["GE será transparente sobre desafios no plano de superação, diz o CEO Larry Culp"], de Tyler Clifford, CNBC, 14 de março de 2019.

9. O relato sobre a AT&T foi feito em "AT&T's Talent Overhaul" ["Revolução de talento da AT&T"], de John Donovan e Cathy Benko, *Harvard Business Review*, outubro de 2016.

10. Os dados da BetterWorks foram citados em "Why the Annual Performance Review Is Going Extinct" ["Por que a avaliação de desempenho anual está em extinção"], de Kris Duggan, *Fast Company*, 20 de outubro de 2015.

11. A pesquisa é citada em "Fewer Than Half of Employees Know if They're Doing a Good Job" ["Menos de metade dos funcionários sabem se estão

212 | A ANSIEDADE NO TRABALHO

fazendo um bom trabalho"], de Mark Murphy, *Forbes*, 4 de setembro de 2016.

12. A história de Lutz Ziob nos foi contada por Liz Wiseman e confirmada por ele.

13. O fato de mais da metade dos gerentes ficar mais controladora nas crises é de "When Managers Break Down Under Pressure, So Do Their Teams" ["Quando gerentes desmoronam sob pressão, as equipes fazem o mesmo"], de David Maxfield e Justin Hale, *Harvard Business Review*, 17 de dezembro de 2018.

14. O princípio do "Viés de Ação" da Amazon foi encontrado em aboutamazon.com, no item "Our Leadership Principles" ["Nossos princípios de liderança"].

15. A estatística de que os gestores evitam dar *feedback* é de "Today's Workers Are Hungry for Feedback; Here's How to Give It to Them" ["Os funcionários de hoje têm fome de *feedback*; eis como fazê-lo"], de G. Riley Mills, *Forbes*, 27 de setembro de 2019.

16. A estatística de que os funcionários querem mais *feedback* vem de "65% of Employees Want More *Feedback* (So Why Don't They Get It?)" ["65% dos funcionários quer mais *feedback* (então por que não recebem?)"], de Victor Lipman, *Forbes*, 8 de agosto de 2016.

17. A história de James Rogers foi tirada de "Leadership Is a Conversation" ["Liderança é uma conversa"], de Boris Groysberg e Michael Slind, *Harvard Business Review*, junho de 2012.

CAPÍTULO 3: COMO TRANSFORMAR MENOS EM MAIS

1. Webb é citado e as informações sobre os Navy SEALs se encontram em "Bulletproof Mind: 6 Secrets of Mental Toughness from the Navy SEALs" ["Mente à prova de balas: 6 segredos de firmeza mental dos SEALs"], de Charles Chu, Observer.com, 25 de novembro de 2016, e em entrevistas com a dra. Rita McGrath.

2. A estatística de 91% de esgotamento vem de "In a New Study, 90 Percent of Employees Admit to Feeling Burned Out. Here Are 3 Ways to Successfully Manage It" ["Em novo estudo, 90% dos funcionários admitem se sentirem esgotados. Aqui estão 3 formas de cuidar disso com sucesso"], de Michael Schneider, *Inc.*, 24 de setembro de 2019.

NOTAS | 213

3. A citação do dr. Grant vem do seu "Burnout Isn't Just in Your Head. It's in Your Circumstances" ["Esgotamento não está só na cabeça. Está nas circunstâncias"], *The New York Times*, 19 de março de 2020.

4. A citação da dra. Boissy vem de seu texto "Why Resilience Training Isn't the Antidote for Burnout" ["Por que treinamento de resiliência não é antídoto para o esgotamento?"], publicado no site da Cleveland Clinic em 2 de outubro de 2017.

5. Os funcionários que se declaram esgotados: Os dados do Gallup sobre esgotamento, licença médica e rotatividade vêm de "Employee Burnout, Part 1: The 5 Main Causes" ["Esgotamento de funcionários, parte 1: as 5 principais causas"], de Ben Wigert e Sangeeta Agrawal, Gallup.com, 12 de julho de 2018.

6. O número de 190 bilhões de dólares da Bain & Company vem de "Employee Burnout Is a Problem with the Company, Not the Person" ["Esgotamento de funcionários é problema da empresa, não da pessoa"], de Eric Garton, *Harvard Business Review*, 6 de abril de 2017.

7. A citação do dr. Levinson vem do seu "When Executives Burn Out" ["Quando executivos se esgotam"], *Harvard Business Review*, julho-agosto de 1996.

8. Há numerosas descrições do trabalho de Lewin na fábrica Harwood; gostamos especialmente de "Kurt Lewin and the Harwood Studies: The Foundations of OD" ["Kurt Lewin e os estudos Harwood: As fundações de OD"], do dr. Bernard Burnes, *Journal of Applied Behavioral Science*, junho de 2007.

9. A citação do dr. Goodman vem de "How Managers Can Help Employees Avoid Burnout" ["Como gerentes podem ajudar funcionários a evitar o esgotamento"], de Stephanie Vozza, *Fast Company*, 5 de outubro de 2018.

10. A citação de Liane Davey e Kyle Arteaga vem de "Make Sure Your Team's Workload Is Divided Fairly" ["Garanta que o trabalho está justamente dividido entre a equipe"], de Rebecca Knight, *Harvard Business Review*, 14 de novembro de 2016.

11. Novamente, a citação do dr. Levinson vem do seu "When Executives Burn Out" ["Quando executivos se esgotam"], *Harvard Business Review*, julho--agosto de 1996.

12. O estudo foi encontrado em "Effects of Job Rotation and Role Stress among Nurses on Job Satisfaction and Organizational Commitment" ["Efeitos da rotatividade de funções e estresse de papel entre enfermeiros na satisfação

214 | A ANSIEDADE NO TRABALHO

profissional e no comprometimento organizacional"], do dr. Wen-Hsien Ho, National Library of Medicine, 12 de janeiro de 2009, publicado por BMC Health Services Research, fevereiro de 2009.

13. A citação de Ross vem de "6 Unconventional Yet Effective Ways to Boost Motivation and Inspire a High-Performance Culture" ["6 formas não-convencionais, mas eficientes, de aumentar a motivação e inspirar uma cultura de alto desempenho"], de Heidi Lynne Kurter, *Forbes*, 23 de abril de 2019.

14. A citação de Dimon vem de Patricia Crisafulli, *The House of Dimon* [*A casa de Dimon*], Wiley, 2011.

15. Shelly Lazarus foi entrevistada e citada em Adrian Gostick e Dana Telford, *The Integrity Advantage* [*A vantagem da integridade*], Gibbs Smith, 2003.

16. O número de 62% do Gallup vem de "Bosses Need to Be Proactive to Prevent Employee Burnout" ["Chefes precisam ser proativos para evitar esgotamento de funcionários"], HRAsiaMedia.com, 7 de fevereiro de 2020.

17. A pesquisa do dr. Rubinstein está no site da American Psychological Association, em "Multitasking. Switching Costs" ["Multitarefas. Mudando custos"], publicado em 20 de março de 2006.

18. O estudo foi descrito em "The Multi-tasking Myth" ["O mito multitarefas"], *Sydney Morning Herald*, 15 de abril de 2013.

19. Carl Sandburg escreveu sobre Lincoln em *Abraham Lincoln: The Prairie Years & The War Years* [*Abraham Lincoln: Os anos da pradaria e os anos da guerra*], Harcourt Brace & World, 1939.

20. Apresentamos Kim Cochran aos leitores em Adrian Gostick e Chester Elton, *The Best Team Wins* [*A melhor equipe vence*], Simon & Schuster, 2018.

CAPÍTULO 4: LIMPE OS CAMINHOS

1. A longevidade da geração do pós-guerra no emprego vem de "Poll Reveals Age, Income Influence People's Loyalty to an Employer" ["Enquete revela que idade e salário influenciam a lealdade de funcionários com empregadores"], *PBS News Hour*, 11 de maio de 2016.

2. As estatísticas sobre os planos da geração Z e Y para largar o emprego em dois anos são de "Generation Z and Millennials Seek Recognition at Work" ["Gerações Z e Y procuram reconhecimento no trabalho"], de Stephen Miller, site da Society for Human Resources Management [Sociedade para Gerenciamento de Recursos Humanos], 12 de setembro de 2019.

NOTAS | 215

3. Os dados são de "Low-Wage Work Is More Pervasive Than You Think, and There Aren't Enough 'Good Jobs' to Go Around" ["Trabalho de salários baixos é mais comum do que você pensa, e não tem 'bons empregos' o suficiente para todos"], de Martha Ross e Nicole Bateman, Brookings.edu, 21 de novembro de 2019.

4. O estudo foi descrito em "Here's the Number 1 Criteria the Largest Generation in the Workforce Looks for in Employers" ["Eis o critério número 1 que a maior geração ativa procura em empregadores"], de Adam Robinson, *Inc.*, 7 de setembro de 2018.

5. Os dados do Gallup de que 87% da geração Y valoriza o crescimento vêm de "Millennials Want Jobs to Be Development Opportunities" ["Millennials querem que empregos sejam oportunidades de desenvolvimento"], de Amy Adkins e Brandon Rigoni, Gallup.com, 30 de junho de 2016.

6. Os dados da Deloitte sobre as empresas que nutrem o desejo de aprender e são líderes do mercado vêm de "4 Ways to Create a Learning Culture on Your Team" ["4 formas de criar uma cultura de aprendizado na equipe"], de Thomas Chamorro-Premuzic e Josh Bersin, *Harvard Business Review*, 12 de julho de 2018.

7. A citação de Henderson vem do seu "Job Stability vs. Job Satisfaction? Millennials May Have to Settle for Neither" ["Estabilidade no emprego vs. satisfação no emprego? Millennials talvez tenham que aceitar nenhuma das duas"], *Forbes*, 22 de dezembro de 2012.

8. Os dados da Deloitte sobre as culturas de aprendizagem vêm de "4 Ways to Create a Learning Culture on Your Team" ["4 formas de criar uma cultura de aprendizado na equipe"], de Thomas Chamorro-Premuzic e Josh Bersin, *Harvard Business Review*, 12 de julho de 2018.

9. Esses dados são de "Gen Z Workers Expect a Promotion after One Year on the Job, and Their Bosses Are Creating New Titles and Throwing 'Workversary' Parties to Keep Them Happy" ["Funcionários da geração Z esperam uma promoção após um ano no emprego, e os chefes criam novos cargos e dão festas de 'aniversário profissional' para deixá-los felizes"], de Allana Akhtar, *Business Insider*, 9 de abril de 2019.

10. A citação de Marc Cenedella vem do seu "This Is How I Got Millennials to Stop Asking about Promotions" ["Foi assim que fiz millennials pararem de me pedir promoções"], TheLadders.com, 21 de julho de 2017.

216 | A ANSIEDADE NO TRABALHO

11. Os doutores Steve Glaveski e Matthieu Boisgontier são citados em "Where Companies Go Wrong with Learning and Development" ["Onde empresas erram no aprendizado e no desenvolvimento"], de Steve Glaveski, *Harvard Business Review*, 2 de outubro de 2019.

12. Helfrich foi apresentado aos nossos leitores em *The Best Team Wins* [*A melhor equipe vence*], Simon & Schuster, 2018.

13. A citação do dr. Sydney Finkelstein vem do seu "Why a One-Size-Fits-All Approach to Employee Development Doesn't Work" ["Por que uma abordagem de tamanho único para desenvolvimento de funcionário não funciona?"], *Harvard Business Review*, 5 de março de 2019.

14. A citação de Rogers vem do seu "A Better Way to Develop and Retain Top Talent" ["Um jeito melhor de desenvolver e manter os maiores talentos"], *Harvard Business Review*, 20 de janeiro de 2020.

15. A citação da dra. Craft vem do seu "Peer-to-Peer Learning, the Most Powerful Tool in the Workplace" ["Aprendizado entre pares, a ferramenta mais poderosa no trabalho"], govloop.com, 12 de março de 2018.

16. A citação de Palmer e Blake vem de *Expertise competitiva*, Alta Books, 2019.

CAPÍTULO 5: COMO TRANSFORMAR "NÃO ESTÁ PERFEITO" EM "ESTÁ BOM, VOU EM FRENTE"

1. O diálogo citado é da 3ª temporada, 12º episódio de *The Simpsons*, "I Married Marge", 1991.

2. Citamos "Callas: Opera's Human Voice" ["Callas: a voz humana da ópera"], de Tim Page, *Washington Post*, 24 de setembro de 1995. Também observamos o trabalho de Amii Barnard-Bahn e a sua postagem no YouTube de 17 de abril de 2020, "How Perfection Can Hinder Your Leadership: What Can You Learn from an Opera Diva" ["Como a perfeição pode atrapalhar sua liderança: o que aprender de uma diva da ópera"]; e "Exclusive: My Life with Maria Callas" ["Exclusivo: minha vida com Maria Callas"], de Norman Lebrecht, publicado em SlippedDisk.com em 31 de maio de 2016.

3. A fala de Callas sobre a coragem foi contada a Peter Dragadze e recontada em Nicholas Petsales-Diomedes, *The Unknown Callas: The Greek Years* [*Callas desconhecida: os anos gregos*], Amadeus, 2001.

NOTAS | 217

4. A citação do dr. Brian Swider vem de "The Pros and Cons of Perfectionism, According to Research" ["Prós e contras do perfeccionismo, de acordo com pesquisas"], de dr. Brian Swider, dra. Dana Harari, dra. Amy P. Breidenthal e dra. Laurens Bujold Steed, *Harvard Business Review*, 27 de dezembro de 2018.

5. Cherkasky é citado em "The Overachieving Generation: As Millennials Strive for Perfection, Anxiety and Depression Increase" ["A geração exagerada: quando millennials buscam perfeição, ansiedade e depressão aumentam"], de Alison Bowen, *Chicago Tribune*, 31 de outubro de 2018.

6. O trabalho do dr. Thomas Curran está em "Perfectionism Is Increasing, and That's Not Good News" ["Perfeccionismo está aumentando, e não é boa notícia"], de Thomas Curran e Andrew P. Hill, *Harvard Business Review*, 26 de janeiro de 2018.

7. O trabalho dos doutores Hewitt e Flett foi mostrado em "Perfectionism Is Killing Us" ["Perfeccionismo está nos matando"], de Christie Aschwanden, *Vox*, 5 de dezembro de 2019.

8. O trabalho da dra. Alice Boyes encontra-se no seu livro *The Anxiety Toolkit* [*Caixa de ferramentas da ansiedade*], Tarcher Perigee, 2015.

9. Essa informação sobre perfeccionismo e esforçados saudáveis vem de "Perfectionism: Strategies for Change" ["Perfeccionismo: estratégias para mudar"], da dra. Jennifer Page Hughes, 2013 (revisto em 2014), publicado pelo Center for Academic and Personal Development [Centro de Desenvolvimento Acadêmico e Profissional], Harvard.

10. A pesquisa está em "How Companies Can Learn to Make Faster Decisions" ["Como empresas podem aprender a tomar decisões mais rápidas"], de Eric Winquist, *Harvard Business Review*, 29 de setembro de 2014.

11. O trabalho da dra. Dweck está em *Mindset: A nova psicologia do sucesso*, Objetiva, 2017.

12. O exemplo da SpaceX também está em "How Companies Can Learn to Make Faster Decisions" ["Como empresas podem aprender a tomar decisões mais rápidas"], de Eric Winquist, *Harvard Business Review*, 29 de setembro de 2014.

CAPÍTULO 6: DE EVITAR CONFLITOS AO DEBATE SAUDÁVEL

1. O trabalho da dra. Seppälä e do dr. Cameron está em "Proof That Positive Work Cultures Are More Productive" ["Prova de que culturas profissionais positivas são mais produtivas"], de Emma Seppälä and Kim Cameron, *Harvard Business Review*, 1º de dezembro de 2015.
2. A dra. Gravett é citada em "Millennials Struggle with Confrontation at Work" ["Millennials têm dificuldade com confrontos no trabalho"], de Rex Huppke, *Chicago Tribune*, 19 de novembro de 2012.
3. A citação de Muller vem do seu "Are Millennials More Conflict-Averse Than Other Generations?" ["Millennials evitam conflito mais do que outras gerações?"], publicado em HRAcuity.com em 25 de setembro de 2017.
4. A citação de Amy Jen Su vem do seu "Giving Feedback When You're Conflict Averse" ["Dar *feedback* quando evita conflitos"], *Harvard Business Review*, 13 de agosto de 2015.
5. Citamos *Quantum Leadership* [*Liderança quântica*], dos doutores Porter-O'Grady e Malloch, Stanford Business Books, 2019.
6. O elogio fúnebre de Biden a McCain foi publicado em "Read Joe Biden's Eulogy of John McCain" ["Leia a eulogia de Joe Biden a John McCain"], de Debbie Lord, *Springfield News-Sun*, 30 de agosto de 2018.

CAPÍTULO 7: TORNE-SE UM ALIADO

1. A citação do dr. Vance vem do seu "Addressing Mental Health in the Black Community" ["Abordando saúde mental na comunidade negra"], no site do departamento de psiquiatria da Universidade Columbia, 8 de fevereiro de 2019.
2. A decisão da Suprema Corte sobre a população LGBTQIAP+ está em "Civil Rights Law Protects Gay and Transgender Workers, Supreme Court Rules" ["Lei de direitos civis protege funcionários gays e trans, determina a Suprema Corte"], de Adam Liptak, *The New York Times*, 15 de junho de 2020.
3. O trabalho de Cathy Kelleher está em seu "Minority Stress and Health: Implications for Lesbian, Gay, Bisexual, Transgender, and Questioning (LGBTQ) Young People" ["Estresse da minoria e saúde: implicações para jovens lésbicas, gays, bissexuais, trans e queer (LGBTQ)"], *Counselling Psychology Quarterly*, 14 de dezembro de 2009.

NOTAS | 219

4. A citação do dr. Brenner vem do seu "Understanding Anxiety and Depression for LGBTQ People" ["Entendendo ansiedade e depressão em pessoas LGBTQ"], Anxiety and Depression Association of America.

5. A pesquisa vem de "Help Your Employees Be Themselves at Work" ["Ajude os funcionários a serem si mesmos no trabalho"], de Dorie Clark e Christie Smith, *Harvard Business Review*, 3 de novembro de 2014.

6. Schultz foi citado em "Former Starbucks CEO Howard Schultz: 'I Honestly Don't See Color'" ["Ex-presidente executivo da Starbucks Howard Schultz: 'Honestamente não vejo cor'"], de Kate Sullivan, CNN, 13 de fevereiro de 2019.

7. A citação de Ramsey vem do seu "How to Respond When Someone Says, 'I Don't See Color' — and Six Other Cringe-Worthy Remarks" ["Como responder quando alguém diz 'Eu não vejo cor', e outros seis comentários constrangedores"], *Glamour*, 21 de maio de 2018.

8. A citação de Janice Gassam vem do seu "Why the 'I Don't See Color' Mantra Is Hurting Your Diversity and Inclusion Efforts" ["Por que o mantra 'Não vejo cor' está atrapalhando seus esforços de diversidade e inclusão"], *Forbes*, 15 de fevereiro de 2019.

9. O livro dos doutores Banaji e Greenwald é *Blindspot* [*Ponto cego*], Delacorte Press, 2013. Também nessa seção, há informações de "Implicit Bias Means We're All Probably at Least a Little Bit Racist" ["Viés implícito significa que somos todos provavelmente um pouco racistas"], de Jenee Desmond-Harris, *Vox*, 15 de agosto de 2016.

10. A estatística sobre treinamento em viés implícito é de "Minimizing and Addressing Implicit Bias in the Workplace" ["Minimizando e abordando viés implícito no trabalho"], de Shamika Dalton e Michele Villagran, College and Research Libraries News, outubro de 2018, que faz referência ao artigo "The Real Effects of Unconscious Bias in the Workplace" ["Os verdadeiros efeitos do viés inconsciente no trabalho"], de Horace McCormick, University of North Carolina Chapel Hill Executive Development, 2016.

11. A citação de Burke vem do seu "3 Things You Can Do Now to Take Action as an Ally in the Workplace" ["3 coisas que você pode fazer agora para agir como aliado no trabalho"], *Inc.*, 29 de outubro de 2018.

12. A citação da dra. Kanter é onipresente; a nossa fonte é QuoteFancy.com.

220 | A ANSIEDADE NO TRABALHO

13. O estudo é citado em "How Racism and Microaggressions Lead to Worse Health" ["Como racismo e microagressões levam a pioras na saúde"], de Gina Torino, USC Center for Health Journalism, 10 de novembro de 2017.
14. A citação de Catlin é de sua coluna no Medium.com, "5 Things Allies Can Do to Sponsor Coworkers from Underrepresented Groups" ["5 coisas que aliados podem fazer para apoiar colegas de grupos sub-representados"], 22 de maio de 2020.
15. A citação do dr. Isaac Sabat vem de "Sharing the Weight: How to Know When — and How — to Support Marginalized People at Work" ["Dividir o peso: como saber quando — e como — apoiar pessoas marginalizadas no trabalho"], de Julia Carpenter, CNN, 30 de outubro de 2018.
16. A citação de Wojcicki vem do seu "Exclusive: How to Break Up the Silicon Valley Boys Club" ["Exclusivo: Como quebrar o clube do Bolinha do Vale do Silício"], *Vanity Fair*, 16 de março de 2017.

CAPÍTULO 8: TRANSFORME EXCLUSÃO EM CONEXÃO

1. Os dados do corpo de bombeiros podem ser encontrados em "Groups That Eat Together Perform Better Together" ["Grupos que comem juntos trabalham melhor juntos"], de Susan Kelley, *Cornell Chronicle*, 19 de novembro de 2015.
2. O trabalho da dra. Sandra Robinson é citado em "Ostracism More Damaging Than Bullying in the Workplace" ["Ostracismo é pior que *bullying* no trabalho"], de Andrew Riley, site da Universidade da Colúmbia Britânica, 29 de maio de 2014.
3. A história de Romney está em seu prefácio para Adrian Gostick e Dana Telford, *The Integrity Advantage* [*A vantagem da integridade*], Gibbs Smith, 2003.
4. As doutoras Seppälä e King são citadas em "Tom Brady Just Answered 'Yes' to a Very Controversial Question" ["Tom Brady acabou de dizer 'sim' para uma pergunta muito controversa"], de Bill Murphy Jr., *Inc.*, 26 de abril de 2020; ver também o seu "Having Friends at Work Can Be Tricky, but It's Worth It" ["Ter amigos no trabalho pode ser difícil, mas vale a pena"], *Harvard Business Review*, 8 de agosto de 2017.
5. A citação é da 2ª temporada, 6º episódio de *The Office*, "The Fight", 2005.

NOTAS | 221

6. Falamos com Bregman e também aproveitamos o seu "How to Have Friends at Work When You're the Boss" ["Como ter amigos no trabalho se você for chefe"], *Harvard Business Review*, 19 de março de 2014.

7. A citação do dr. Markman vem do seu "Why Work Friendships Go Awry, and How to Prevent It" ["Por que amizades profissionais dão errado, e como evitar o fracasso"], *Harvard Business Review*, 8 de junho de 2018.

8. O discurso de Oprah em uma formatura de 2013 pode ser lido integralmente em "Winfrey's Commencement Address" ["Discurso de Winfrey"], *Harvard Gazette*, 30 de maio de 2013 (publicado em 31 de maio de 2013).

9. A citação dos doutores Schinoff *et al.* vem do seu "How Remote Workers Make Work Friends" ["Como trabalhadores remotos fazem amigos no trabalho"], de Beth Schinoff, Blake E. Ashforth e Kevin Corley, *Harvard Business Review*, 22 de novembro de 2019.

CAPÍTULO 9: TRANSFORME DÚVIDAS EM SEGURANÇA

1. Os dados da Willis Towers Watson são de Adrian Gostick e Chester Elton, *O princípio do reconhecimento*, Elsevier, 2009.

2. A citação da dra. Algoe vem do seu "Find, Remind, and Bind: The Functions of Gratitude in Everyday Relationships" ["Descobrir, lembrar e atar: as funções da gratidão em relacionamentos cotidianos"], *Social and Personality Psychology Compass*, 31 de maio de 2012.

3. Dr. McCraty é citado em "The Neuroscience of Gratitude and How It Affects Anxiety and Grief" ["A neurociência da gratidão e como afeta ansiedade e luto"], de Madhuleena Roy Chowdhury, positivepsychology.com, 5 de maio de 2020.

4. *Born to Run* foi publicado pela Leya (2016); *Nascido para matar de rir*, de Steve Martin, pela Matrix, 2008; e Lady Gaga está no documentário *Lady Gaga Presents the Monster Ball Tour: At Madison Square Garden* [*Lady Gaga apresenta a Monster Ball Tour: Madison Square Garden*] da HBO, 2011, citada em "25 Stars Who Suffer from Imposter Syndrome" ["25 estrelas que sofrem de síndrome do impostor"], de Samantha Simon, *InStyle*, 8 de dezembro de 2017.

5. O trabalho do dr. Korb está no seu livro *The Upward Spiral* [*A espiral que sobe*], New Harbinger Publications, 2015.

CONCLUSÃO: PONTO E VÍRGULA

1. A história de Parker estava em "When a Woman Took Sick Days for Mental Health, Her Email Sparked a Larger Discussion" ["Quando uma mulher tirou dias de folga para cuidar da saúde mental, seu e-mail levou a uma conversa mais ampla"], de Rose Schmidt, CNN, 13 de julho de 2017.
2. O relato autobiográfico de Parrie está em "My Semicolon Tattoo Is More Than Art. It's a Reminder to Keep Going" ["Minha tatuagem de ponto e vírgula é mais do que arte. É um lembrete para seguir em frente"], *HuffPost*, 14 de julho de 2015.

Este livro foi impresso pela Cruzado, em 2022, para a HarperCollins Brasil. A fonte do miolo é Adobe Jenson Pro. O papel do miolo é offset $80g/m^2$ e o da capa é cartão $250g/m^2$.